法學啟蒙叢書

民法系列——

動產所有權

■ 吳光明 著

Ownership of the Personal Property

Civil Law

三民書局

國家圖書館出版品預行編目資料

動產所有權／吳光明著.－－初版一刷.－－臺北
市：三民，2007
面；　公分.－－(法學啟蒙叢書)

ISBN 978-957-14-4657-8　(平裝)

1.所有權 2.動產

584.213　　　　　　　　　　　　96003748

© 　動產所有權

著 作 人	吳光明
責任編輯	陳柏璇
美術設計	陳健茹
發 行 人	劉振強
著作財產權人	三民書局股份有限公司
發 行 所	三民書局股份有限公司
	地址　臺北市復興北路386號
	電話　(02)25006600
	郵撥帳號　0009998-5
門 市 部	(復北店)臺北市復興北路386號
	(重南店)臺北市重慶南路一段61號
出版日期	初版一刷　2007年4月
編　　號	S 585690
基本定價	伍元肆角

行政院新聞局登記證局版臺業字第〇二〇〇號

有著作權．不准侵害

ISBN　978-957-14-4657-8　(平裝)

序

　　為配合三民書局所策劃「法學啟蒙」一系列叢書，將民法中重要概念抽取出來，並以這些概念為切入點，對民法思維體系進行更深入解析，筆者負責「動產所有權」部分，主要在敘述動產所有權以及其相關法律問題，除依民法物權編，以及參考新舊版民法物權編部分條文修正草案之規定，並敘述其修正說明外，另參考法院實務判決，並提出實際發生之案例探討。

　　本書內容包括動產所有權之法律特徵、動產物權之得喪變更、動產所有權之取得時效、動產之善意取得、無主物之先占、遺失物之拾得、埋藏物之發現、動產之添附、不占有之動產擔保、動產之共有等。希望藉由本書所述之法律概念、分析、比較，並舉出實際案例，詳細解說，增進讀者對抽象法律規範之理解。又96年3月28日總統公布民法物權編（擔保物權）之修正，與本書相關之條文，亦已論述，併此敘明。

　　筆者執行律師業務近二十載，嗣後轉任國立臺北大學教職，從事教學研究，又已二十多年，屢蒙師生先進策勵，教學相長，遂決定將拙作付梓。此次利用擔任加拿大多倫多大學 (Toronto) 學生暑期研習活動帶隊之便，順便訪問該校，並作研究。羨慕並讚嘆其優良研究環境之餘，特此為序。

吳光明

96 年 3 月

國立臺北大學法學系研究室

C ontents

[目 次]

動產所有權

Ownership of the Personal Property

第 一 章

導 論

Ownership of the
Personal Property

壹、概 說

所有權係典型之物權或物權之原型❶，民法未對所有權下直接之定義，學者一般認為，所有權係指在法律限制內，對於標的物為一般全面之支配，而具有彈性及永久性之物權。

所有權是一種歷史現象，蓋人類社會產生私有制後，為區分私有財產與公有財產、自己財產與他人財產，並為保障實際財產歸屬關係之實現，即產生所有權以及與之相關之一系列法律形式。所有權是社會物質財產，包括生產資料與生活資料之歸屬關係藉以實現之法律形式。

所有權是物權制度之基本型態，所有權是其他各種物權之基礎，所有權以外之物權，均由所有權中派生而來。因此，所有權為各種限制物權所產生之源泉。

在近代各國民法中，最初實行所有權絕對之原則，即在原則上，所有權人之權利不受限制或很少國家之限制。以後隨著社會發展，此種不受限制之所有權不符合社會公共利益，於是國家對所有權加以種種限制，使私人所有權服務社會公共利益，此種變化稱為所有權之社會化。

我國民法於民國 18 年公布，當時即已接受所有權社會化之思想，故民法物權編中，有許多所有權加以限制之規定。

為全面地說明法律中所有權社會化之思想，還要對民法以外之法律略加說明。因為所有權社會化，不僅表現在對所有權之行使加以限制，還表現在對私人所有權本身，即對財產私有制加以限制。

理論上言之，所有權存在於人類社會，僅是形式、性質與內容不同而已，當所有權制度形成後，即自動反射於所有權制之關係，任何人均會積極促進自己賴予以存在之所有權制之鞏固與發展。所有權制度不僅從整體上，將所有制明文確定，且經由對所有權之取得、喪失，所有權之權能範

---

❶ 王澤鑑，《民法物權(1)——通則、所有權》，86 年 9 月，頁 127。

圍與內容，所有權之保護等詳細規定，以調整所有制之內部關係。

　　所有人除可經由各種方式，實現財產之價值外，更可由此激發個人對財富之追求，增進社會財富。最後，導致個人與社會之全面發展。

　　動產所有權乃是以動產為標的物之所有權，且既為所有權之一種，自具有所有權之一般性質或機能❷，其行使並依民法第765條規定，應受法令之限制。

貳、問題說明

　　民法理論上，將民事主體對物之依賴性轉化成對物之概念之研究，其著眼點已轉向對物關係調整之探索。民法對物之概念，性質上強調物之可支配性，以及物之自然屬性。

　　法學上對物之概念，在經濟學上，與物相近之概念是財產，其一是強調財產之物質性，二是強調財產之權利性，三是強調財產之價值性與可轉讓性。

　　物權法是財產法，民法上之物是財產。民法將物權客體僅限於有體物，但隨著科學技術之進步，經濟之迅速發達，人類社會正向知識經濟時代邁進，無體財產顯得越來越重要。此種物權客體對有體物之突破，實際反映現代知識經濟條件下，物權客體擴大化之趨勢。因此，分析現代民事立法，物之概念已不限於有體、有形之物，凡是具有法律上排他之支配可能性者，均可依法成為物。

　　至於動產與不動產之劃分，源自於大陸法系之傳統，此種劃分之經濟上意義在於不動產相對於動產標的大、經濟價值高、與權利主體之利益更為攸關。因此，需要更明確之權利界定。例如動產以交付（占有）即可，不動產則須履行登記程序；再如物之取得，不動產便無善意取得制度；不動產時效取得亦有比動產時效取得更嚴格之限制；凡此種種，皆為維護不

❷　謝在全，《民法物權論》，上冊，修訂二版，92年7月，頁443。

動產權利關係之穩定性與節約不動產交易成本。

參、本書之內容

　　本書主要在敘述動產所有權以及其相關法律問題，除在概念上，簡單敘述動產所有權與不動產所有權特異之處外，整本書之重點為動產之善意取得、先占、遺失物之拾得、埋藏物之發現、添附，包括附合、混合、加工等。蓋善意受讓雖係依法律行為而取得動產所有權，然其乃係為保護交易安全所設之特例。在現代交易社會中，具有重要作用。其應用最多，也最易發生問題。在先占、遺失物之拾得、埋藏物之發見，雖然極常見，但可能發生之問題較少，不過，其仍具鼓勵占有人回復其物之經濟價值。添附則有鼓勵創造或維護經濟價值之現代機能，並足以解決當事人間之紛爭，藉以保障社會之和平秩序❸。

　　由於本書定位為法律初學者啟蒙與解惑之用，每一章中特別舉出之案例探討，係從實務上發生過之案例改編而成，以避免本書所舉案例與實際生活事實不符。另一方面，本書將以淺顯易懂方式寫作，並在內容上避免深入學理探討研究。

　　因此，本書由法律概念緣起著手，說明其歷史背景、最初所要保護之公益，以及其後之變遷過程等，經由法律概念形成過程所帶來些許故事性，藉以引發讀者深入研讀之興趣。

　　又由於法務部分別於民國88年與95年訂定新舊物權修正草案時，有些有不同見解，有些只是文字修正。新舊版本關於「動產所有權」部分，從民法第803條至第816條，亦有些修正與修正說明，均值得參考，且為本書所需探討者。期望因本書之寫作，讓法律初學者能瞭解理論與實務之融會貫通，更能知悉法律之規定必須配合時代潮流。

---

❸　謝在全，《民法物權論》，上冊，前揭書，頁444。

第二章

動產所有權之法律特徵

Ownership of the
Personal Property

壹、概 說

動產所有權乃是以動產為標的物之所有權，且既為所有權之一種，自具有所有權之一般性質或機能，其行使亦應受民法第765條規定：「所有人，於法令限制之範圍內，得自由使用、收益、處分其所有物，並排除他人之干涉。」之限制。

民法第三編第二章第三節有關動產所有權之規定，其內容僅為動產所有權特有之取得原因，分為動產之善意取得、先占、遺失物之拾得、埋藏物之發現、添附五部分。其中動產之善意取得應用最多，但亦最易發生問題。遺失物之拾得最為常見，但可能發生之問題較少。先占、埋藏物之發現、添附之事實，於日常生活，雖有發生，但引起糾紛者不多。

因此，本章有必要先說明動產所有權之法律特徵，包括所有權之法律特徵、所有權之權能、基於所有權而產生之請求權、動產所有權與不動產所有權之比較、動產之法律特徵、動產所有權之法律特徵等問題。至於其餘動產之善意取得、先占、遺失物之拾得、埋藏物之發現、添附等問題，則分別敘述於其餘各章。

又由於法務部分別於民國88年與95年訂定新舊兩次版之民法物權修正草案，故本章論述動產所有權之法律特徵時，亦討論其修正條文與修正說明。

貳、所有權之法律特徵與權能

一、所有權之法律特徵

所有權是物權制度之基本型態，所有權是其他各種物權之基礎，所有

權以外之物權，均由所有權中派生出來。因此，所有權為各種限制物權產生之源泉。

所有權具有以下各種法律特徵:

(一)自權性

自權性即指所有權是一般而全面之支配其客體之物權。蓋所有權對於標的物，得為一般、全面及概括之占有、管理、使用、收益及處分，此與其他物權，如地上權、典權或質權等，對標的物之支配，僅限於一定範圍內者不同。故學說上稱為全面之支配權。

(二)完全性

完全性即指所有權具有對抗一切人之權利。蓋基於所有權之物上請求權與債權請求權不同，債權請求權之發生係根據契約、代理權之授與、無因管理、不當得利、侵權行為等，僅能對抗上述之相對人。而所有權具有對世之效力，可對抗一切之人，故有稱對世權。

(三)排他性

所有權具有排他性，蓋基於一物一權主義，在同一物上僅能有一個所有權，故所有人對其所有物享有之所有權，可依法排斥他人之非法干涉，不容許任何人妨礙或侵害，故所有權具有排他性。

(四)整體性

所有權具有整體性，蓋所有權是完整之物權，故具有整體性，蓋所有人對該物權享有占有、使用、收益及處分之完整權利，而其他物權僅具有所有權之部分權能。

(五)彈力性

所有權具有彈力性，蓋所有權人可將其占有、使用、收益及處分之完

整權利，自由伸縮其內容，例如在所有權上設定地上權、典權或將其所有物出租，致其所有權之權限，大受限制，其本身已僅虛有其名，而不具何等權能之型態，學理上稱為所有權之虛有化，或空虛所有權或裸體所有權❶。然一旦其所設定之他物權消滅，則所有權當然立即恢復全面支配之圓滿狀態，此亦即所有權之彈力性。

㈥永久性

所有權具有永久性，蓋所有權隨標的物之存在而永遠存續，此即所有權之永久性。

二、所有權之權能

所有權之權能稱為所有權之作用或所有權之內容或職能。所有權之權能與所有權之關係，有二種不同觀點：

㈠權利集合說

權利集合說者認為，所有權係由各項權能組成之集合體，各項權能可成為單獨之權利，集合起來即為一完全之所有權。

㈡權利作用說

權利作用說者認為，權能就是作用之意思，所有權之各項權能，即係所有權之不同作用。所有權之權限係所有人利用所有物，以實現其對所有物之獨占利益，而於法律規定之範圍內，可採取之各項措施與手段。

本文認為，所有權之權能為所有權之作用較妥。蓋所有權作為對物獨占之支配權。物權上之任何其他權利，均源自於所有權，是所有權不同作用之結果。

民法第 765 條規定：「所有人，於法令限制之範圍內，得自由使用、收益、處分其所有物，並排除他人之干涉」，係關於所有權權能之規定。足見

❶　謝在全，《民法物權論》，上冊，修訂二版，92 年 7 月，頁 181。

所有權之權能有積極權能與消極權能之分。積極權能為占有、使用、收益與處分；消極權能是指所有人能排除他人之不當干涉。茲分述如下：

(一)占　有

民法第 765 條雖未列「占有」規定，但所有人對所有物既然有全面支配或概括管領之權利，而概括管領則必須占有標的物，故所有權在法律上，自應有對所有物得為實際上管領之占有權能。此種「實際上管領之占有權能」係指單純事實上之管領力而言，與民法「占有」專章之規定，觀念上並不相同。且縱然民法就所有權之占有為獨立之認定，反而更足以證明所有權有占有之權能。

(二)使　用

使用為不毀損物體，亦不改變物之性質，所有人按照所有物之用途，加以利用，實現物之使用價值，滿足自己之需要。使用主要是自己使用自己之物，但亦包括允許他人使用，例如將自己之腳踏車借給他人使用。

使用既屬所有權之一種權能，使用與否即為所有權人之自由，但有時法律規定在一定情形下，所有人有使用之義務，例如土地法第 89 條第 1 項規定「直轄市或縣（市）地政機關對於管轄區內之私有空地及荒地，得劃定區域，規定期限，強制依法使用」❷，即規定私有空地與荒地所有人之使用義務。所有人對自己之物之使用方法當然可以由自己決定，但法律有時亦加以限制。例如土地法對於土地的使用方法就有各種規定，特別是對各種編定土地❸規定有一定之使用方法。

(三)收　益

收益為所有人對所有物獲得物質利益，包括所有物之天然孳息或法定

---

❷　參閱土地法第 89 條第 1 項規定，按土地法訂定於 19 年 6 月 30 日，歷經多次修正，最後一次修正於 95 年 6 月 14 日。

❸　此之各種編定土地，例如耕地、建築用地等。

孳息。例如收取果樹之果實，或母牛生出之小牛，收取存款利息、出租房屋之租金等。依照民法第766條規定，除法律另有規定外，物之組成部分與原物脫離而成為獨立之物時，該物亦屬於所有人所有，例如果實自然落於地上，仍屬於果樹所有人所有。又如將物租給他人使用，可因出租而取得租金，此部分屬於收益之範圍。

收益亦常受到法律之限制，例如土地所有人收取地租，房屋所有人收取房租，法律上均有限制。以土地法為例，按土地法第97條第1項限制房屋租金之規定，應僅限於城市地方供住宅用之房屋，始有其適用，至非供居住之營業用房屋並不涵攝在內，此觀該條項立法本旨側重「防止房屋所有權人乘機哄抬租金，造成城市居住問題」及同法第三編第三章「房屋及基地租用」第94條至第96條均就「城市住宅用房屋」設其規範暨該條項蘊含摒除「城市營業用房屋」在外之「隱藏性法律漏洞」有以「目的性限縮解釋」補充必要自明。且該條項所稱之「城市地方」，亦只指依法發布都市計畫內之全部土地而言，參酌平均地權條例第3條及土地稅法第8條之規定益為灼然❹。

(四)處　分

處分，分為事實上之處分與法律上之處分兩種。

1.事實上之處分

事實上之處分亦即就其標的物為物質之變形、改造或毀損等物理上之事實行為。當然包括所有權人將所有物消費或者毀滅，例如拆除房屋、撕毀雜誌書籍等是。

事實上之處分為所有權所獨有，乃規定於所有權通則，以為適用之依據，有謂依此項法律規定之體系可知本條之處分專指事實上之處分云云，然因所有權非專屬之財產權，自得依法律行為加以處分，如此處不包括法律上之處分，則所有權人處分所有權，尚須另循法律上之依據，已屬捨近求遠。可知所有權人之事實上處分權能，縱在停止狀態下仍有法律上處分

---

❹　最高法院93年度臺上字第1718號判決。

之權能，自不得為此處所謂處分，專指事實上之處分而言❺。本文認為，應採民法上最廣義之處分概念，亦即負擔行為，例如出賣或出借所有物，亦包括在內。

2.法律上之處分

法律上之處分亦即就其標的物之所有權為移轉、限制或消滅等，使所有權發生變動之法律行為。例如所有人將所有物出賣或贈送他人。土地設定地上權、動產之設質、貨物之拋棄等是。

法律對於所有權人的處分權能，有時亦有限制，例如已廢止之實施耕者有其田條例第 28 條規定有關「承領耕地移轉」之限制❻。

㈤排除他人干涉

排除他人干涉係指所有權人對於他人對其物之不法妨害、干擾或侵占，有權依據法律之規定享有各種物上請求權與損害賠償請求權，以排除或防止其侵害。

所有權之此種「排除他人干涉」權能，僅於所有權之積極權能受他人不法干涉時，始能表現，否則僅能隱而不彰，故稱為消極權能。此種消極權能與上述使用、收益、處分權能，皆為對所有物之積極行為，以產生並取得價值，故為積極權能者不同。所有權乃是對標的物全面支配之物權，為貫徹其積極權能，自不容他人干涉，而得以排除之，其排除之方法即為如下所述民法第 767 條規定之內容。

又依民法第 765 條規定之「於法令限制之範圍內」，即指所有人僅在法令許可之範圍內，或者說，在法令未加禁止或限制之範圍內始得自由地行使這些權能。此所謂「法令限制之範圍內」，除法律外應僅包括具有法律效

---

❺ 謝在全，《民法物權論》，上冊，前揭書，頁 186。

❻ 參照實施耕者有其田條例第 28 條規定：「耕地承領人依本條例承領之耕地，在地價未繳清前不得移轉。地價繳清以後如有移轉，其承受人以能自耕或供工業用或供建築用者為限。違反前項規定者，其耕地所有權之移轉無效。」按實施耕者有其田條例已於民國 82 年 7 月 30 日廢止。

力之命令，不得解為一般之命令。

再者，此種限制，除上述已列舉者外，散見於民法與其他法律。民法中之限制，如禁止權利濫用，關於相鄰關係中之規定等。其他法律中之限制，如水利法、森林法、漁業法、礦產法、土地法等法律中，均有很多此方面之規定。

參、基於所有權而產生之請求權

基於所有權而生之請求權係對物權之一種保護方法。所有權是對物之排他性支配權。因而，在受他人不法干涉時，所有權人得依法排除其干涉，在受到損害時依法除去損害。所有權人依法享有此種排除妨害、恢復所有權圓滿狀態之請求權稱為物上請求權。民法所規定之物上請求權有三種，即：所有物返還請求權、除去妨害請求權、妨害防止請求權。

一、物上請求權

㈠所有物返還請求權

民法第767條前段規定：「所有人對於無權占有或侵奪其所有物者，得請求返還之」，行使此種請求權必須具備如下要件：

1. 請求人為物之所有人

由於該項請求權不是專屬權，因此不限於物之所有人本人行使，其代理人、有代位權之債權人、破產管理人、遺產管理人均可行使。共有人亦可行使此種請求權。

2. 相對人須為無權占有或侵奪其所有物之人

相對人須為無權占有或侵奪其所有物之人，不限於現在直接占有人。無權占有所有物係指被請求時已無正當理由占有而繼續占有，侵奪其所有物係指以非法之手段，侵奪其所有物。

3.須標的物有適於返還

須標的物有適於返還之性質。換言之，僅對特定物發生返還請求權。

所有物返還請求權之效力在於使占有人交付原物於所有人，其係占有之移轉，而非所有權之移轉。既然為占有物之返還，因而請求人與相對人間之權利義務關係就準用民法第 952 條至第 965 條所設關於占有回復請求權與占有人間關係之規定，並可依關於侵權行為、無因管理及不當得利等規定，請求占有人返還因占有物所獲得之利益。該財產如有毀損、滅失，占有人不論對於毀損、滅失有無過失，均應負損害賠償責任。

所有物返還請求權是否適用消滅時效之規定，學者對此見解不一。採肯定說者，認為民法第 125 條所稱之請求權，包含所有物返還請求權在內，如在十五年內不繼續行使，則時效消滅。採否定說者，認為所有物返還請求權與所有權同在，在所有權存續期間內，隨時不斷發生，故該請求權不應罹於時效而消滅。通說採否定說。

㈡除去妨害請求權

民法第 767 條中段規定：「對於妨害其所有權者，得請求除去之」，此種請求權又名妨害排除請求權。其行使要件與所有物返還請求權要件大致相同，但具有如下之特點：

1.相對人係以占有以外之方法妨害所有權內容實現之人，並須考慮行為人是否出於故意或過失。

2.須有妨礙所有權行使之行為。

3.必須所有人對此妨礙行為無容忍義務。基於社會共同生活及相鄰關係負有容忍他人妨礙之義務者，不成立排除妨害請求權。

除去妨害請求權之效力在於法院依法強制妨害行為人負擔除去妨礙後果之費用。

㈢妨害防止請求權

妨害防止請求權又名妨害預防請求權。民法第 767 條後段規定：「有妨

害其所有權之虞者，得請求防止之」，即所有權人在有受侵害、妨礙之危險時，依法有消除危險之請求權。基於「妨害之虞」之確定，民法對此並無明文規定，應就具體情況定之。

所有權防止妨害請求權之效力在於由法院判決令被告消除妨害之原因。

二、基於所有權以外之物權之請求權

民法第 767 條規定「所有物返還請求權」及「所有物保全請求權」，具有排除他人侵害作用。學者通說以為排除他人侵害之權利，不僅所有權人有之，即所有權以外之其他物權，亦常具有排他作用。茲民法第 858 條規定：「第 767 條之規定，於地役權準用之」。於其他物權未設規定，易使人誤解其他物權無適用之虞地。為期周延，修正草案第 767 條乃增訂概括準用之規定，列為第 2 項，並刪除第 858 條之個別準用之規定❼。

肆、法律特徵

一、動產之法律特徵

在制度設計以及日常生活上，動產與不動產相互對應，且該二者為彼此對立之概念。為何為動產，民法並無直接明文，而僅於民法第 67 條規定：「稱動產者，為前條所稱不動產以外之物。」而另於民法第 66 條規定：「稱不動產者，謂土地及其定著物。不動產之出產物，尚未分離者，為該不動產之部分。」換言之，不動產以外之物為動產，蓋不欲為動產另作定義，係為避免使動產與不動產間留有空隙，導致適用上之困難。因此，動產既包含不動產以外之一切他物，則其種類繁雜，自不待言。其間船舶、航空器、智慧財產權等，則因性質特殊，分別依特別法規定具有部分不動產之性

---

❼　此部分之修正與說明，新舊兩次版均相同。參閱法務部，《民法物權部分條文修正草案》，第 768 條修正說明，95 年 6 月，頁 5；88 年 3 月，頁 62。

能❽。

　　從物之屬性言之，所謂動產，係指無須毀損其性質或變更其型態，依人力得異動其空間，由某處移往其他處所之物。例如：汽車、家具、書籍、文件、紙張、農具、昆蟲、魚蝦、飛禽、走獸、衣裳、金錢等均是❾。

　　實務上，向人租地敷設以人力獸力推動臺車之輕便軌道，以其可以隨時拆除，非民法第 66 條第 1 項所稱之定著物，應視為動產❿。而土地所有權狀，係證明土地權利之文件，而非土地本身，其性質為動產而非不動產，土地所有權之讓與，亦不以交付土地所有權狀於受讓人為必要⓫。此外，定著物在未完成以前亦非土地之重要成分，依民法第 67 條之規定，仍應認為動產⓬。

二、動產所有權之涵意

㈠動產所有權之意義與性質

　　動產所有權乃是以動產為標的物之所有權，且既為所有權之一種，自具有所有權之一般性質或機能⓭，其行使並依民法第 765 條規定，應受法令之限制。

　　在日常生活中，動產所有權之取得，以法律行為，或繼承，甚或以自己之勞動創造而取得者為常。此種所有權之取得為繼受取得，法律已另設規定，例如依法律行為取得動產於第 761 條，已明文規定，動產物權之讓與方法，共有四種，即現實交付、簡易交付、占有改定、指示交付四種。至於繼承問題，已有繼承編之設，無再另予規定之必要。

---

❽　李模，《民法總則之理論與實用》，87 年 9 月修訂版，自版，頁 112。

❾　邱聰智，《民法總則（上）》，94 年 2 月，三民書局，頁 434、435。

❿　最高法院 48 年度臺上字第 1974 號裁判。

⓫　最高法院 55 年度臺上字第 2596 號裁判。

⓬　最高法院 75 年度臺上字第 116 號裁判。

⓭　謝在全，《民法物權論》，上冊，前揭書，頁 443。

民法於動產所有權中，僅就善意受讓、先占、遺失物之拾得、埋藏物之發現、添附，包括附合、混合、加工等等，在現實工商社會中，非為常見之取得原因而為規定。

㈡動產所有權與不動產所有權之比較

動產所有權與不動產所有權有如下之不同：

1.標的物不同

動產所有權之標的物為動產，不動產所有權之標的物為不動產。

2.不動產所有權之標的物範圍極易確定

不動產所有權之標的物常為固體，其範圍極易確定，而動產所有權之標的物除固體者外，尚有氣體及液體，其本身並無一定之形體，須以人為方法使其成為獨立整體，俾得確定其範圍。

3.已具有法律上價值之不動產得為所有權之標的物

單一之不動產，已具有法律上之價值，得為所有權之標的物。而動產雖亦有一物，即可成為所有權之標的物者，但亦有必須集合一定之數量，始具有法律上之價值，方可成為所有權之客體者。例如米、麥、鹽、茶葉、砂石等是。

4.動產所有權原始取得之原因較為多樣

所有權取得之原因，有原始取得與繼受取得之分，此在動產所有權與不動產所有權均無不同，然動產所有權原始取得之原因較為多樣，故民法在動產所有權一節中特詳為規定，此正與不動產所有權以相鄰關係較為複雜，故特予詳細規定，同其道理。

伍、案例探討

 事　實

　　債務人 A 積欠債權人 B 新臺幣一百萬元，經債權人向法院起訴獲勝訴判決，並取得執行名義在案。嗣債務人以組合式之小木屋數座，放置於休閒區內供住宿之用。債權人請求對於此等小木屋執行，究應依動產或不動產之方法執行❶？

 解　析

　　按不動產於我民法在總則稱為土地及其定著物，在物權編則稱為土地或建築物。雖有認為小木屋屬組合式，但有窗有門，有壁且係住宿之用，為建築物無疑，自屬不動產，應依對於不動產之執行，辦理查封、囑託登記及拍賣等方法。

　　然依民法第 66 條第 1 項規定：「稱不動產者，謂土地及其定著物」；又依民法第 67 條「稱動產者，為前條所稱不動產以外之物」。由於該組合式之小木屋隨時可以拆卸，亦可以移動至別處放置。非土地及其定著物，屬於動產，應依對於動產之執行方法執行之。

　　再者，所謂不動產，以繼續密接附著於土地，達其一定經濟上之目的，且社會觀念上視為獨立之物者而言。倘若雖係獨立之物，但如其附著於土地，未達於非毀損其本質或變更其形體，不能移動其所在之程度，或僅暫時供人使用性質者，則非茲所謂之不動產。

❶　參閱 79 年 6 月 8 日司法院 (79) 廳民二字第 461 號，座談機關：臺灣高等法院暨所屬法院，《民事法律問題研究彙編》，第 7 輯，頁 685。

本題設旨，似著重僅放置於土地上，可隨時移動之組合木屋，揆諸前開說明，應以對於動產之執行方法執行之。

陸、結　語

所有權作為一項法律制度，係所有制在法律上之反映；作為一項民事法律關係，其主體是財產所有人與非財產所有人，其客體為物，其內容為財產所有人對其財產有絕對支配之權利，他人不得干涉。作為一項民事權利，係指財產所有人對其財產依法享有獨占支配權。

動產所有權則是以動產為標的物之所有權，且具有所有權之一般性質或機能，其行使亦應受民法第 765 條規定。至於動產所有權之取得，其相關規定有其農漁業社會固有之意義，在現代社會中雖不復有往日之光彩。然此種法律規定，在先占、遺失物之拾得、埋藏物之發現，仍具鼓勵占有人回復其物之經濟價值，添附則有鼓勵創造或維護經濟價值之現代機能，並足以解決當事人之紛爭，藉以保障社會之和平秩序❶⑤。

尤其在實際生活中，先占關係，除法律明訂保護之野生動物外，允許先占人取得所有權。

---

❶⑤　謝在全，《民法物權論》，上冊，前揭書，頁 444。

第 三 章

動產物權之得喪變更

Ownership of the
Personal Property

壹、概　說

　　物權之變動乃是物權所產生之一種動態現象。就物權本身之觀察而言，即指物權之發生、變更及消滅，此三種合稱為物權之變動。如以物權權利人而言，乃物權之取得、設定、喪失與變更❶，亦有稱為物權得喪變更。

　　動產物權得喪變更之原因，可分為法律行為及法律行為以外之事實兩種。法律行為在物權法上即為物權行為，亦可分為：

1. 單獨行為：例如拋棄、遺贈。
2. 契約：例如讓與。

　　至於法律行為以外之事實，種類較多，茲分述如下：

1. 取得時效：可使物權發生原始取得，以及絕對喪失之消滅。
2. 繼承：繼承使物權發生繼受取得，以及相對喪失之消滅。
3. 混同：即兩個無並存必要之法律上地位，同歸於一人之法律事實。混同結果使無並存必要之物權消滅。
4. 先占：使動產發生原始取得之效力。
5. 添附：使動產原始取得與絕對喪失。

　　民法物權編第一章對物權得喪變更之原因，僅規定物權行為、混同與拋棄。為符合本書之需要，本章係在說明動產物權之得喪變更之要件，從而，有必要分析民法第 761 條及其相關規定。其餘部分則分別敘述於其餘各章，以資明確。

　　又由於法務部分別於民國 88 年與 95 年訂定新舊兩次版之民法物權修正草案，故本章論述動產物權之得喪變更時，亦討論其修正條文與修正說明。

---

❶　謝在全，《民法物權論》，上冊，修訂二版，92 年 7 月，頁 78。

貳、動產物權之讓與

一、讓與方式

民法第 761 條第 1 項規定:「動產物權之讓與,非將動產交付,不生效力。」換言之,民法關於動產物權之變動,係採交付生效要件主義。動產物權,以占有其物為支配之根據,如不交付其標的物,即無實施動產物權之作用,故交付係讓與動產物權之生效要件。

所謂讓與,係指權利人依法律行為將物權移轉於他人,非依法律行為之移轉或取得,如依繼承、強制執行、先占、添附等,而產生之動產物權之得喪變更,即不適用第 761 條第 1 項之規定。

交付可分為現實交付與觀念交付兩種。現實交付指動產物權之讓與人將其對於動產之現實直接支配之管領力,移轉於受讓人。一般所稱之交付即為現實交付。例如某甲向某乙買鋼琴,某乙向某甲交付該鋼琴。

在現代分工之經濟社會中,物之交付有時亦假手他人為之,此種觀念交付並非真正之交付,而是占有觀念之移轉,純粹為交易上之便利,採用變通之方法,以替代現實交付。

依民法第 761 條規定,觀念交付有三種情形:

㈠簡易交付

依民法第 761 條第 1 項但書規定:「但受讓人已占有動產者,於讓與合意時,即生效力。」即簡易交付指受讓人已占有動產者,於讓與合意時,即生交付之效力。例如某甲向某乙買鋼琴,而某乙早就將該鋼琴借給某甲,此時某甲先返還某乙該鋼琴後,再由某乙交付該鋼琴給某甲,甚不經濟。故此等情形,法律規定於甲乙二人於讓與合意時,即生交付之效力。

㈡占有改定

依民法第 761 條第 2 項規定：「讓與動產物權，而讓與人仍繼續占有動產者，讓與人與受讓人間，得訂立契約，使受讓人因此取得間接占有，以代交付。」即占有改定指讓與動產物權，而讓與人仍繼續占有動產者，讓與人與受讓人間，得訂立契約，使受讓人因此取得間接占有，以代交付。此時，該契約必須是讓與人與受讓人間，訂立足以使受讓人因此取得間接占有之契約❷。例如某甲向某乙買鋼琴，而某乙尚須使用該鋼琴參加考試，此等情形，甲乙二人可訂立使用借貸契約，使某甲因此取得間接占有，以代交付。

實務上認為，以占有改定之方式代替現實交付，使受讓人取得動產物權，必須讓與人與受讓人訂立足使受讓人因此取得間接占有之契約，始足當之。如僅單純約定讓與人為受讓人占有，並無間接占有之法律關係存在，尚不成立占有改定，其受讓人即不能因此取得動產物權❸。

㈡指示交付

依民法第 761 條第 3 項規定：「讓與動產物權，如其動產由第三人占有時，讓與人得以對於第三人之返還請求權，讓與於受讓人，以代交付。」即指示交付指讓與動產物權，如其動產由第三人占有時，讓與人得以對於第三人之返還請求權，讓與於受讓人，以代交付。指示交付，又稱為返還請求權之讓與或返還請求權之代位。例如某甲將其所有之鋼琴借予某乙使用後，將之賣與某丙，如某甲先從某乙處取回其所有之鋼琴後，再將之交付給某丙，非常麻煩。此時，某甲可將其對某乙請求返還借用物之權利，即鋼琴之返還請求權讓與某丙，以代交付。

---

❷　此種訂立足以使受讓人因此取得間接占有之契約，例如使用借貸契約、租賃契約。

❸　最高法院 87 年度臺上字第 1262 號判決。

二、條文適用上之爭議

按民法第 761 條之適用，學者認為係以法律行為使動產物權發生變動者為限，而此項動產物權，不僅係動產所有權，動產質權、動產留置權均包括在內❹。但亦有認為通說以民法第 761 條第 1 項所揭示之「讓與合意」為據，肯定「讓與合意」普遍存在，稱之為物權契約，視之為物權行為❺。另有學者呼應此說，認為本條亦只不過是規定動產物權讓與之公示方法──交付，並無須強解為物權行為❻。

然而，一般認為該條文既以「物權」讓與為標的，而非單純「負擔」讓與，自亦有一個獨立於債權行為之物權行為❼。

理論上言之，依民法第 761 條之規定與形式主義立法例下物權行為之意義，可以得知，動產物權依法律行為而變動者，須當事人間，有動產物權變動之意思表示，以及「交付行為」，始能發生效力。

實務上亦認為，依民法第 761 條第 1 項前段規定，動產物權之讓與，非將動產交付，不生效力。此之所謂交付，非以現實交付為限，如依同條第 1 項但書及第 2 項、第 3 項規定之簡易交付、占有改定及指示交付，亦發生交付之效力。此項規定於汽車物權之讓與，亦有適用❽。

參、動產物權之消滅

物權之消滅乃物權變動態樣之一種，物權之消滅原因，在動產與不動

---

❹　謝在全，《民法物權論》，上冊，修訂二版，頁 149。

❺　曾世雄，《民法總則之現在與未來》，〈適法行為──法律行為與事實行為〉，三民書局總經銷，初版，82 年 6 月，頁 189、190。

❻　謝哲勝，《財產法專題研究》，〈物權行為獨立性之檢討〉，頁 102。

❼　蘇永欽，《民法物權爭議問題研究》，〈物權行為的獨立性與相關問題〉，88 年 1 月，頁 26。

❽　最高法院 70 年度臺上字第 4771 號判例。

產各有不同規定。動產物權之消滅情形有混同、拋棄、契約、行使撤銷權等。茲分述如下：

一、混　同

㈠意　義

所謂混同，即兩個無並存必要之法律上地位，同歸於一人之法律事實。蓋權利義務之存在，其主體本須各異，故權利與義務同歸於一人時，因混同而消滅。

㈡類　型

按民法第 762 條規定：「同一物之所有權及其他物權，歸屬於一人者，其他物權因混同而消滅。但其他物權之存續，於所有人或第三人有法律上之利益者，不在此限。」因此，混同是指兩個無同時並存必要之物權，同歸於一人之事實。兩個物權混同，原則上一物權消滅，例外不消滅。

1.所有權與其他物權混同

所有權與其他物權混同之情形，例如某甲原有動產質權，而後又取得該動產所有權，則該動產質權與動產所有權，為兩個無同時並存必要之物權，此時該動產質權因混同而消滅。

實務上認為，所有權之形態雖有單獨所有及共有二類；共有又區分為分別共有及公同共有二種形態，其權利之行使與內部法律關係，對第三人行使權利之程序容有不同，然就其外部性質而言，均係就特定物或權利，享有所有權之形態，自有前開條文之適用❾。換言之，如當事人原有動產質權，而後又取得該動產之分別共有權時，動產質權亦可因混同而消滅。

2.所有權以外之物權，及以該物權為標的物之權利混同

依民法第 763 條規定：「所有權以外之物權，及以該物權為標的物之權利，歸屬於一人者，其權利因混同而消滅。前條但書之規定，於前項情形

---

❾　最高法院 85 年度臺再字第 74 號判決。

準用之。」故如同一物上債權與物權各別獨立存在，除依法有混同原因外，不能使之消滅❿。

二、拋　棄

(一)現行民法

依民法第 764 條規定：「物權，除法律另有規定外，因拋棄而消滅。」拋棄是指依權利人之意思表示，使其物權絕對歸於消滅之單獨行為。

實務上認為，民法第 764 條所謂拋棄，係指物權人不以其物權移轉於他人，而使其物權絕對歸於消滅之行為而言⓫。因此，拋棄發生動產物權消滅之效力。

(二)民法物權修正草案

1. 88 年舊版修正草案

舊版修正草案認為，拋棄之方法，除主觀上有拋棄之意思表示外，客觀上應有所表示，故在拋棄動產所有權時，應拋棄對該動產之占有。又拋棄為單方之意思表示，惟拋棄物權而有直接受益人時，其意思表示應向該受益人為之。例如抵押權人拋棄其抵押權時，應向直接受益人即抵押物所有人為之是；又如拋棄其他動產物權，例如動產質權、留置權時，則需向因拋棄而直接受益之人作出意思表示，並交付該動產。此部分在民法修正草案第 764 條第 3 項已有規定：「第 1 項之拋棄，有直接受益人者，其意思表示應向該受益人為之。拋棄動產物權者，並應拋棄動產之占有」。

至於所拋棄者為不動產物權時，仍應作成書面並完成登記始生效力。惟因係以單獨行為使物權喪失，應有第 758 條規定之適用，無待重複規定。

然而，修正草案未三讀通過前，實務上認為，民法第 764 條並未規定拋棄物權應向直接受益者為意思表示，況物權有對世效力，向任何人為拋

---

❿　最高法院 72 年度臺上字第 4014 號判決。

⓫　最高法院 32 年度上字第 6036 號判例。

棄之意思表示均生拋棄之效力**⑫**。例如某甲對系爭機器有留置權，某乙拋棄系爭機器之動產抵押權，某甲亦為受益者，某乙向某甲為拋棄之意思表示，自無不可。

至於民法修正草案第764條第2項規定：「前項拋棄，第三人有以該物權為標的物之其他物權或於該物權有其他法律上之利益者，非經該第三人同意者，不得為之。」係適用於不動產物權，例如以自己所有權或以取得地上權或農用權或典權為標的物，設定抵押權而向第三人借款，如允許原物權人拋棄其地上權，則其所設定之其他物權將因標的物之物權之消滅而受影響，將因而減損第三人之利益，此對第三人之保護欠周，修正草案第764條乃增訂第2項**⑬**。

2. 95年新版修正草案

新舊修正草案除上述第1項、第2項修正說明及修正條文內容相同外。新修正草案第3項修正說明認為，拋棄動產物權者，並應拋棄動產之占有；至於所拋棄者為不動產物權時，仍應作成書面並完成登記始生效力，惟因係以單獨行為使物權喪失，應有第758條規定之適用，無待重複規定。爰新修正草案第764條第3項乃將「第1項之拋棄，有直接受益人者，其意思表示應向該受益人為之」文字刪除**⑭**。

因此，其第764條第2項規定仍為：「前項拋棄，第三人有以該物權為標的物之其他物權或於該物權有其他法律上之利益者，非經該第三人同意，不得為之。」其第764條第3項規定則為：「拋棄動產物權者，並應拋棄動產之占有」。

三、其他消滅原因

動產物權其他消滅之原因，尚有下列：

---

⑫　臺灣高等法院92年度再字第78號判決，《臺灣高等法院民事裁判書彙編》，92年11月18日，頁990–997。

⑬　法務部，《民法物權修正草案》，第764條修正說明，88年3月，頁60、61。

⑭　法務部，《民法物權修正草案》，第764條修正說明，95年6月，頁5。

(一)契　約

例如所有權人與他人訂立契約，將其標的物出賣，因而使其所有權消滅。

(二)由於法律行為以外之事實而使物權消滅之情形

物權消滅之情形，在不動產物權方面，包括依民法第 880 條：「時效完成後抵押權之實行以抵押權擔保之債權，其請求權已因時效而消滅，如抵押權人，於消滅時效完成後，五年間不實行其抵押權者，其抵押權消滅。」第 1185 條：「無繼承人承認繼承時，其遺產於清償債權並交付遺贈物後，如有賸餘，歸屬國庫。」之規定，又如標的物之滅失、法定期間之屆滿、擔保物權因債權消滅而消滅。再如民法第 768 條、第 769 條、第 770 條之規定，他人因時效取得所有權，以致原所有權人喪失其所有權。

在動產物權方面，動產除如前述第 1185 條之歸屬國庫、標的物之滅失、法定期間之屆滿、擔保物權因債權消滅而消滅以外；又動產亦因民法第 768 條之規定，他人因時效取得所有權，以致原所有權人喪失其所有權。

另動產依民法第 811 條至第 815 條因添附於他人之動產或不動產，致他人取得動產所有權，而原所有權人即喪失其所有權。

肆、案例探討

事　實

某甲於 95 年 4 月 30 日與某丙訂立買賣契約，並將買賣標的噴洗機交付買受人某丙，某甲已履行出賣人之義務，嗣買受人某丙要

求解除契約，某甲乃與某丙合意解除契約，並協議將噴洗機交還某甲。其後，某丙又已將該物現實交付某甲占有。但在此之前，某乙與某丙間有買賣及租賃關係，然此部分事實，某甲並不知悉。試問某甲得否主張善意取得噴洗機？

 解　析

　　動產之受讓人占有動產，而受關於占有規定之保護者，縱讓與人無移轉所有權之權利，受讓人仍取得其所有權；又以動產所有權或其他物權之移轉或設定為目的，而善意受讓該動產之占有者，縱其讓與人無讓與之權利，其占有仍受法律之保護，分別為民法第 801 條、第 948 條所明定。此所謂「受讓」，係指依法律行為而受讓之意，受讓人與讓與人間以有物權變動之合意與標的物之交付之物權行為存在為已足。至受讓動產占有之原因，舉凡有交易行為存在，不問其為買賣、互易、贈與、出資、特定物之遺贈、因清償而為給付或其他以物權之移轉或設定為目的之法律行為，均無不可。

　　本件某甲於 95 年 4 月 30 日將噴洗機交付買受人某丙，已履行出賣人之義務，嗣買受人某丙要求解除契約，某甲乃與某丙合意解除契約，並協議將噴洗機交還某甲，此乃另一契約行為，某丙又已將該物現實交付某甲占有，雙方顯有變動物權之合意及交付標的物之物權行為存在，某甲自係依法律行為而受讓系爭標的物，其受讓時既不知某乙與某丙間有買賣及租賃關係，其占有應受保護，自屬善意取得[15]。因此，某甲得主張善意取得噴洗機。

---

[15]　最高法院 86 年度臺上字第 602 號判決。

伍、結　語

　　物權變動，係物權之發生、變動及消滅之合稱也，亦即是指權利所生之一種動態現象。物權變動，係物權法之核心問題。在體系構成上，就變動之原因言，有依法律行為，有非依法律行為，須注意者，此之法律行為，係指物權行為而言❶。

　　如以物權權利而言，物權變動，係物權之取得、設定、喪失與變更。物權變動必有一定公示方式，以為表現，使當事人與第三人均得認識其存在及現象。物權變動如未能依一定公示方式表現其變動之內容，則不能發生物權變動之法律效力。物權因有法律行為而變動時，須另有物權變動之意思表示，以及履行登記或交付之法定形式，始能成立或生效。因此，物權行為具有獨立性與無因性二種特性。

　　關於動產物權變動，依法律行為而發生者，民法分別就動產物權讓與、動產質權設定以及動產物權拋棄，設有規定。其非依法律行為而取得動產物權，除繼承、強制執行或法院之判決外，在民法物權編規定者，有時效取得、先占、遺失物拾得、埋藏物發現、添附等。

　　又我國民法為保護交易安全，設有動產善意取得制度，凡以動產所有權或其他物權之移轉或設定為目的，而善意受讓該動產之占有者，縱其讓與人無移轉所有權或設定其他物權之權利，受讓人仍取得其所有權或其他物權，故適用上較無問題。

---

❶　王澤鑑，《民法物權(1)——通則、所有權》，86 年 9 月，頁 122。

第四章

動產所有權之取得時效

Ownership of the
Personal Property

壹、概　說

取得時效為時效中之一種，是占有人繼續占有他人之物，經過一法定期間，在一定條件下，取得其占有物所有權之制度。

取得時效，又稱占有時效，是一種法律事實。因此，因取得時效而取得物權之人，不須有取得權利之意思，亦不須有完全行為能力。因取得時效而取得，係依法律規定而取得，取得時效為一種原始取得。

所有權取得時效以物之種類為標準，分為動產所有權之取得時效與不動產所有權之取得時效。本文僅就動產所有權之取得時效，提出說明。

又由於法務部分別於民國 88 年與 95 年訂定新舊兩次版之民法物權修正草案，故本章論述動產所有權之取得時效時，亦討論其修正條文與修正說明。

貳、取得時效之意義與要件

一、意　義

取得時效者，乃無權利人以行使其權利之意思繼續行使該權利，經過一法定期間後，遂取得其權利之制度。具體而言，乃無權利人繼續以一定狀態占有他人之物，經過法定期間而取得其所有權，或繼續一定狀態行使所有權以外之財產權，經過法定期間而取得其權利之制度❶。

動產所有權取得時效，係指以所有之意思，和平公然占有他人之動產，持續地經過法定期間，即取得該動產之所有權。

---

❶　謝在全，《民法物權論》，上冊，修訂二版，92 年 7 月，頁 234。

二、要　件

民法第 768 條規定:「以所有之意思，五年間和平公然占有他人之動產者，取得其所有權」。因此，動產所有權之取得時效，須具備如下要件:

(一)占　有

所謂占有，依照民法第 940 條規定係指對於物有事實上之管領力。該占有須為自主占有即須以所有之意思而占有，對於物具有與所有人同樣支配意思之占有。所有之意思，以不須表示為原則。所有意思之占有，可由代理人代理為之。其次，占有須為和平占有。和平占有係指不以暴力或脅迫取得或維持之占有。第三，占有須為公然占有，即不得使他人不知其占有事實之意，而特別使用隱秘方法開始或保持其占有。占有雖係事實，而非權利，但受法律保護。占有之取得可分原始取得與繼受取得。時效取得動產所有權，為原始取得。

又動產所有權取得時效，雖未明白規定須以「繼續占有」為要件，惟從取得時效之性質言，宜採肯定解釋，況民法關於不動產所有權之取得時效，亦以「繼續占有」為要件，民法物權修正草案第 768 條乃增列「繼續占有」為動產所有權取得時效之要件❷。

(二)須經過一定期間

基於占有動產之期間，民法仿照瑞士民法的體例，規定為五年。又民法第 768 條條文未區分占有之始是否善意並無過失，一律適用五年之時效期間，與不動產所有權之取得時效以是否善意，規定不同期間者，不盡一致。參諸外國立法例，如日本、瑞士、德國、韓國等，並參考我國之國情，將「五年」修正為「十年」❸。

---

❷　此部分之修正與說明，新舊兩次版均相同。參閱法務部，《民法物權部分條文修正草案》，第 768 條修正說明，95 年 6 月，頁 6; 88 年 3 月，頁 63。

❸　此部分之修正與說明，新舊兩次版均相同。參閱法務部，《民法物權部分條文

(三)須為他人之動產

所謂他人之動產，不以私人所有者為限，占有公有物，除依法律規定不得為私有者外，亦適用於民法上基於取得時效之規定。同理，法人以所有之意思占有個人之動產，當然亦適用民法基於取得時效之規定。

(四)須善意並無過失

為期動產所有權之取得時效與不動產所有權之取得時效之體例一致，並其衡平，爰仿外國立法例，如日本、韓國等，民法物權修正草案增訂第768條之1明定，以所有之意思，五年間和平、公然、繼續占有他人之動產，而其占有之始為善意並無過失者，取得其所有權❹。

(五)舉證責任

主張時效取得動產所有權者對其占有須負舉證責任。依民法第944條第1項規定：「占有人，推定其為以所有之意思，善意、和平及公然占有者。」第2項規定：「經證明前後兩時為占有者，推定前後兩時之間，繼續占有。」故主張占有人非以所有之意思，善意、和平及公然占有或繼續占有者，應負舉證責任。準此以言，主張取得時效中斷者，對於占有人自行中止占有，或變為不以所有之意思而占有，或其占有狀態之變更，亦負有舉證責任❺。又學者通說多認為本項推定亦應包括「無過失」，為明確計，民法物權修正草案第944條乃於第1項增列「無過失」。

因此，新舊民法物權修正草案第768條均規定為：「以所有之意思，十年間和平、公然、繼續占有他人之動產者，取得其所有權。」並均增訂民法物權修正草案第768條之1規定為：「以所有之意思，五年間和平、公然、

　修正草案》，第768條修正說明，95年6月，頁7；88年3月，頁64。

❹　此部分之修正與說明，新舊兩次版均相同。參閱法務部，《民法物權部分條文修正草案》，第768條之1修正說明，95年6月，頁7；88年3月，頁65。

❺　王澤鑑，《民法物權(1)——通則、所有權》，86年9月，頁159。

繼續占有他人之動產，而其占有之始為善意並無過失者，取得其所有權」。而民法物權修正草案第 944 條第 1 項修正為：「占有人，推定其為以所有之意思，善意、和平、公然及無過失占有者」。

參、效 力

一、取得時效之效力

取得時效期間完成後所產生之效力在動產與不動產之間有所不同。動產與不動產取得時效為原始取得，故以前存在於該標的物上之一切法律體系，均因取得時效之完成而歸於消滅。因取得時效完成而取得所有權，是依法律規定，即屬於法律上之原因而受利益，所以不產生不當得利問題。

二、取得時效之中斷

(一)現行民法

民法第 771 條規定：「占有人自行中止占有，或變為不以所有之意思而占有，或其占有為他人侵奪者，其所有權之取得時效中斷。但依第 949 條或第 962 條之規定，回復其占有者，不在此限」。係有關取得時效之中斷之規定。依此規定，取得時效中斷之事由：

1. 占有人自行中止占有

此如占有人依自己的意思而拋棄其占有之動產。

2. 占有人變為不以所有之意思而占有

此指占有人已變更其以所有之意思占有，例如占有人承認占有汽車之原所有人之所有權，而以租借之意思占有汽車。

3. 占有為他人侵奪而未能依第 949 條或第 962 條之規定回復其占有

此係指非基於占有人之意思而被他人奪取致喪失占有。例如占有物被竊，占有人不能依民法第 949 條自被盜之時起，二年以內，向占有人請求回復其物，或第 962 條占有人之物上請求權請求返還其占有物時，取得時效之中斷，惟如能依第 949 條或第 962 條規定回復其占有者，則時效不中斷。

㈡民法物權修正草案

新舊修正草案認為，因占有人以非和平或非公然之方式占有❻者，是否為取得時效之中斷事由，學者均持肯定見解。而就占有之和平、公然為取得時效之要件言，亦宜作肯定解釋。修正草案乃將民法第 771 條條文「變為不以所有之意思而占有」移列為第 1 項第 1 款，並增列「變為非和平或非公然占有」為第 2 款，俾求明確。

又民法第 771 條條文規定，時效中斷事由中所謂「占有為他人侵奪」，範圍過於狹隘，修正草案認為，宜修正為「非基於自己之意思而喪失其占有」，又因與現行條文規定「自行中止占有」之性質相近，故分別列為第 3 款及第 4 款。現行條文但書之規定僅於非因己意喪失占有之情形始有適用，故修正草案改列為第 4 款但書，免滋疑義。

此外，占有人於占有狀態存續中，所有人如依民法第 767 條規定，起訴請求返還占有物者，占有人之所有權取得時效是否中斷，現行法雖無明文，惟占有人之占有既成訟爭之對象，顯已失其和平之性質，其取得時效，自以中斷為宜。修正草案第 771 條乃仿外國立法例❼增訂民法第 771 條第 2 項：「依民法第 767 條規定起訴請求返還占有物者，占有人之所有權取得時效亦因而中斷」。

再者，民法第 131 條規定：「時效因起訴而中斷者，若撤回其訴，或因不合法而受駁回之裁判，其裁判確定，視為不中斷」。關於因起訴而中斷之取得時效，應為同一之解釋，殆然無疑，不待明文。惟該訴訟因撤回或裁定駁回以外之原因而終結時，其中斷之取得時效應自受確定判決或其他方

---

❻　此種非和平或非公然之方式占有，例如強暴占有、隱密占有是也。

❼　參閱德國民法第 941 條以及瑞士債務法第 663 條等規定。

法訴訟終結時，重行起算，修正草案第 771 條乃仿民法第 137 條第 2 項，增訂第 3 項規定。因此，民法第 771 條增訂第 3 項規定：「第 137 條第 2 項之規定，於前項情形準用之」❽。

因此，新舊物權修正草案第 771 條均規定為：「占有人有下列情形之一者，其所有權之取得時效中斷：一、變為不以所有之意思而占有。二、變為非和平或非公然占有。三、自行中止占有。四、非基於自己之意思而喪失其占有。但依第 949 條第 1 項或第 962 條之規定回復其占有者，不在此限。依第 767 條規定起訴請求占有人返還占有物者，占有人之所有權取得時效亦因而中斷。第 137 條第 2 項之規定，於前項情形準用之」。

肆、案例探討

事 實

某甲將一部汽車借與某乙使用，六年後，某乙依據民法第 768 條「以所有之意思，五年間和平公然占有他人之動產者，取得其所有權」之規定，拒絕將該輛汽車返還，某甲因此依借用物返還請求權或不當得利返還請求權起訴請求某乙返還，應否准許❾？

解 析

按取得時效制度之設，乃在維護法律秩序之安定，故應認時效取得，

---

❽　此部分之修正與說明，新舊兩次版均相同。參閱法務部，《民法物權部分條文修正草案》，第 771 條修正說明，95 年 6 月，頁 7、8；88 年 3 月，頁 67、68。

❾　參閱司法院第三期司法業務研究會，資料來源：《民事法律問題研究彙編》，第 3 輯，頁 113。

係終局的、確定的、具有法律上之原因，原所有權人不得另依不當得利或其他債之關係，訴請返還。實務上即認時效而取得權利，既法有明文，不生不當得利之問題❿。因此，某甲不能依借用物返還請求權或不當得利返還請求權起訴請求乙返還。

雖有認為，時效取得制度規定於物權編，僅能決定物權之歸屬，並非當事人間權利狀況之調整。故某乙縱已符合取得時效之規定取得所有權，仍無礙於甲依不當得利或借貸關係請求返還。

然而，本文認為，如某乙係依使用借貸關係而使用汽車，即不能主張以所有意思占有而取得所有權。但如某乙依民法第 945 條規定：「占有，依其所由發生之事實之性質，無所有之意思者，其占有人對於使其占有之人表示所有之意思時起，為以所有之意思而占有。其因新事實變為以所有之意思占有者，亦同。」換言之，亦即變為以所有之意思占有而取得所有權時，某甲即不能依借用物返還請求權或不當得利返還請求權訴請某乙返還汽車。

不過，於此應注意，他主占有變為自主占有，現行條文規定占有人僅對使其占有之人表示所有之意思即可。惟使其占有之人非所有人之情形，事所恆有，為保障所有人之權益，民法物權修正草案乃增訂第 2 項，明定占有人於表示所有之意思時如已知占有物之所有人者，負有一併通知所有人之義務。

又占有人占有特定物意思之變更，應不限於第 1 項所定之情形，有以所有之意思占有變為以其他意思而占有者，例如以所有之意思變為以地上權之意思占有等是。有以其他意思之占有變為以不同之其他意思而占有者，例如以地上權意思之占有變為以租賃或農用權意思而占有等是。此種占有狀態之變更及占有人之通知義務，應與第 1 項、第 2 項相同，民法物權修正草案乃增訂第 3 項準用規定。

因此，民法物權修正草案第 945 條第 2 項乃規定：「使其占有之人非所有人，而占有人於為前項表示時已知占有物之所有人者，其表示並應向該所有人為之。」第 945 條第 3 項規定：「前二項之規定，於占有人以所有之

---

❿　參閱最高法院 47 年度臺上字第 203 號判例。

意思占有變為以其他意思而占有，或以其他意思之占有變為以不同之其他意思而占有者，準用之」。

伍、結　語

取得時效之主要效力在於補正占有權源之瑕疵，使無權利人取得權利，使原權利人之相應權利歸於消滅。取得權利之範圍，依占有人行使權利之範圍而定。至於取得權利之時間，對於動產，因取得時效之完成，占有人取得所行使動產之權利。

又實務上認為，所有權取得時效之第一要件，須為以所有之意思而占有，故占有依其所由發生之事實之性質，無所有之意思者，非有民法第945條規定，變為以所有之意思而占有之情事，其所有權之取得時效，不能開始進行❶。反之，如無權利人以時效而取得權利，則不生不當得利之問題。

蓋動產所有權之取得時效，依其性質言，應以「繼續占有」為要件，民法物權修正草案乃增訂之，並修正取得時效中斷之事由，以及時效重行起算之準用規定。再者，由於有變為以所有之意思而占有之情事，民法物權修正草案乃修正占有變更之通知義務。

---

❶　參閱最高法院26年度上字第876號判例。

第五章

動產之善意取得

Ownership of the
Personal Property

壹、概　說

　　善意取得，又稱即時取得。在動產所有權之讓與，尤其在銀貨兩訖之日常交易，受讓人因無從查知讓與人就其讓與之貨物，是否有所有權。倘事後因被真正權利人追奪而受損害者，使其向讓與人請求損害賠償，以謀救濟，不特不勝其煩，難達目的，且亦不足以保護交易安全，將使社會陷於紊亂。

　　無處分權人就權利標的物所為之處分，依民法第118條之規定，原則上非經有權利人之承認，其處分行為不生效力。對於有權利人之保護固為重要，然在動態之社會生活中，為維護商品交易之安全，並促使其積極流通，有建立一套保護制度之必要。故動產善意取得之制度，乃因應而生。

　　善意取得之制度，係立法者衡量原權利人與善意取得人間之利益狀態，為調和「靜的所有權保護」與「動的交易安全保護」兩者間之衝突，所採取之制度❶。此亦為動產所有權一種特殊之取得原因。

　　其次，受讓人調查處分權限之有無，仍多以是否有占有之外觀為判斷，此係因占有為較具公示性且有公信力❷，故進而信賴之，並願意與其交易。因此，基於交易便利性與可能性之考量，善意取得之一方，實有加以保護之必要。

　　又由於法務部分別於民國88年與95年訂定新舊兩次版之民法物權修正草案，故本章論述動產之善意取得時，亦討論其修正條文與修正說明。

---

❶　陳自強，〈民法第九百四十八條動產善意取得之檢討〉，蘇永欽主編，《民法物權爭議問題研究》，88年11月，頁303。

❷　謝在全，《民法物權論》，上冊，修訂二版，92年7月，頁447–449。

貳、善意取得之意義與構成要件

一、意 義

民法第 801 條規定:「動產之受讓人占有動產,而受關於占有規定之保護者,縱讓與人無移轉所有權之權利,受讓人仍取得其所有權。」依此規定,善意取得指無權處分他人動產之讓與人,於不法將其占有之他人動產交付於買受人後,如買受人於取得動產時係出於善意,即取得該動產所有權,原動產所有人不得要求受讓人返還。

又實務上認為,民法第 801 條所謂「受讓」,係指依法律行為而受讓之意,受讓人與讓與人間,以有物權變動之合意,並有標的物之交付之物權行為存在為已足,至受讓動產占有之原因,舉凡有交易行為存在,不問其為買賣、互易、贈與、出資、特定物之遺贈、因清償而為給付或其他以物權之移轉或設定為目的之法律行為,均無不可❸。

至於此處所稱之動產,應是指除土地與其他定著物以外之其他一切之物,因此,如以貨幣與無記名證券作為特殊動產,或者如提單、倉單等物權證券所記載與表現之動產當然亦可適用善意取得制度。

此外,動產質權,依民法第 886 條規定:「動產之受質人占有動產,而受關於占有規定之保護者,縱出質人無處分其質物之權利,受質人仍取得其質權。」故動產質權亦可善意取得。

其次,民法物權修正草案為維護公平原則,法律不允許債權人以侵權行為之不法原因取得留置權。又債權人占有動產之始明知或因重大過失而不知該動產非為債務人所有,如允許其取得留置權,將與民法第 801 條動產所有權或第 886 條質權之善意取得之精神有違。故 88 年版物權修正草案乃增訂第 928 條第 2 項排除規定,而 95 年版物權修正草案第 928 條第 2 項

❸ 最高法院 86 年度臺上字第 121 號裁判。

再略作修正文字為:「債權人因侵權行為或其他不法之原因而占有動產者，不適用前項之規定。其占有之始明知或因重大過失而不知該動產非為債務人所有者，亦同」❹。換言之，動產留置權亦可善意取得。

二、構成要件

善意取得制度，既可引起善意第三人取得所有權或其他物權，而原所有人喪失原權利或權利受到限制之法律效果。因而，善意取得應具備如下要件:

(一)標的物須為動產

所謂動產，係指土地及其定著物以外之物。占有動產的外觀，因極易使人相信占有人為有處分權之人，因此善意取得之標的物，係以動產為限。但是下列動產性質特殊，能否成為善意取得之標的，則需討論，茲分述如下:

1.其讓與須經登記始得對抗第三人之動產

依法律之規定，例如海商法第 9 條之船舶，以及民用航空法第 19 條之航空器，雖其均為動產，但因法律規定其移轉，須經登記才能對抗第三人，此種動產既以登記為對抗要件，而不能以占有賦予其公信力，則不能適用民法之善意取得❺。

2.不動產之出產物

依民法第 66 條第 2 項規定，不動產之出產物尚未與不動產分離者，為該不動產之部分，故不得為善意取得之標的。但如當事人約定以不動產之

---

❹　此部分之修正與說明，新舊兩次版文字略有不同，行政院版則與新版相同。參閱法務部，民法物權部分條文修正草案，第 928 條第 2 項修正說明，94 年 7 月，頁 1；88 年 3 月，頁 294。96 年 3 月 5 日立法院三讀通過之本條條文內容亦與行政院新版相同。

❺　楊與齡，《民法物權》，70 年 9 月，頁 90；謝在全，《民法物權論》，上冊，前揭書，頁 452。

出產物為讓與標的，而由讓與人在出產物與原物分離後交付者，其受讓人如在受讓占有之時為善意，仍可以取得所有權❻。

3.受查封之動產

法院依強制執行法所實施之查封，為公法上之強制處分。債務人之財產一經查封，其處分權即受到限制，債務人如將查封之物讓與他人，係違背查封效力之行為，自屬無效❼。

4.有價證券

債權並非動產，因此，亦非善意取得之客體。但有些權利可以證券化、動產化，如因善意取得證券本身，則可取得權利，例如善意取得無記名股票者，則可取得該股票所表彰之股份等❽。

㈡讓與人須為動產占有人且為無權處分人

此處所指之占有，係指讓與人對物有現實管領力即可，而不限於直接占有，間接占有或輔助占有，皆包含在此概念內❾。

而所謂無處分權人，包含以下概念：

1.無所有權人

例如承租人、受寄人或借用人等，此等人原則上各依不同債之原因關係，而對於標的物有使用、收益之權，但並無處分權。其他如係有處分權之人，如代理人、行紀人等，則無適用善意取得之必要。

2.有所有權而無處分權之人

例如依破產法受破產宣告之人，對於應屬破產財團之財產，雖有所有

---

❻　楊與齡，《民法物權》，前揭書，頁91。

❼　最高法院93年度臺上字第287號民事判決認為：「誤對第三人之財產為強制執行拍賣，除動產拍定人應受民法善意受讓規定之保護，及不動產拍定人應受土地法第43條規定之保護者外，其拍賣為無效，拍定人並不能取得所有權，所有權人於執行終結後，仍得提起回復所有權之訴，請求返還」。

❽　楊與齡，《民法物權》，前揭書，頁91；謝在全，《民法物權論》，上冊，前揭書，頁453。

❾　謝在全，《民法物權論》，上冊，前揭書，頁454。

權，但並無處分權，此際所有人讓與之財產，亦可能有前開「善意取得」之適用。

(三)受讓人於取得時須為善意

所謂善意，係相對於惡意而言❿。就善意本身含義言之，包括「誠實」、「公平」、「不含有欺騙與偽裝」之意思，存在於人們之理念之中。由於其係一個無實體意義之抽象概念，民法上很難對所謂「善意」一詞，下一個統一而明確之定義。

作為善意取得構成要件之善意，通説認為，所謂善意，即不知情，不知處分人處分財產時無此項權利，如受讓人誤信財產之保管人、或承租人為所有權人，或具有處分他人財產之權限。換言之，即前述善意概念中，其主觀上認為，行為之相對人具有合法之權利基礎。

1.關於「善意」確定之準據時點

善意確定之準據時點，係指確定受讓人是否善意之具體時期，亦即應該堅持以受讓人取得權利時之主觀心理狀態為標準。換言之，即應以權利取得之時，為準據時點。根據此一標準，只要受讓人在取得權利時，為善意即可⓫。

2.關於「善意」之舉證

從保護善意受讓人之角度言之，對受讓人應採取善意推定原則，以免除受讓人之舉證責任。此種善意推定原則，依法當然可舉反證推翻之。換言之，主張受讓人非善意者，應負舉證責任。

(四)受讓人是否以無過失為必要

民法物權修正草案認為，受讓人不知讓與人無權利，其不知是否有過

---

❿　所謂善意，拉丁語為 Bona fides，英語為 good faith。

⓫　在此準據時點以前，受讓人如出於惡意，即可當然推定其取得權利，亦為惡意；反之，在此準據時點以前，受讓人取得權利時為善意，即可當然推定其取得權利時，亦為善意。

失，及其應負之注意程度為何，現行法並無明文規定，以致發生爭議。故茲有探討物權編修正草案第 948 條第 1 項增訂但書所謂「重大過失」之必要。

有學者認為，如受讓人本身有嚴重之疏失，為維護所有權靜之安全，應不予保護，遂仿德國民法第 932 條第 2 項之規定，於我國民法物權編修正草案第 948 條第 1 項增列但書：「但受讓人明知或因重大過失而不知讓與人無讓與權利者，不在此限。」之規定 ⓬。

就民法物權編修正草案增加此但書之規定言之，如善意不受保護，則法律行為恐因之屢屢無法成立或生效，人與人之間對於交易之信賴，勢更蕩然無存，則其衍生之交易資訊成本與徵信成本，將大幅提高，社會成本亦隨之大增，為此，受讓人之善意，自須加以保護。

反之，為保護善意受讓，固然有時也會付出某些社會成本，然其所節省之社會成本，往往遠高於其增加之社會成本；但是，在屬於「有重大過失」之情況下，受讓人雖為善意受讓，但因其付出之資訊成本往往很少，實無再予保護之理由。

參、善意取得之法律效果

一、當事人間之法律效果

(一)受讓人與原所有人間

受讓人受讓動產符合前述之要件者，依民法第 801 條規定即取得所有權，此與民法第 118 條 ⓭ 之無權處分不同。

⓬ 陳榮隆，〈盜贓物之善意取得與時效取得〉，《台灣本土法學雜誌》，第 58 期，93 年 5 月，頁 147。

⓭ 民法第 118 條規定：「無權利人就權利標的物所為之處分，經有權利人之承認始生效力。無權利人就權利標的物為處分後，取得其權利者，其處分自始有效。

動產所有人依善意取得規定而取得所有權，乃由於法律之特別規定，並非基於讓與人既存之權利，故為原始取得性質❶，該動產之原所有人之所有權，自歸消滅。

受讓人取得動產之所有權，係因法律基於保護交易安全之需要，使受讓人保有其所取得之所有權，故其取得所有權對原所有人而言，係有法律上之原因，自無不當得利可言。

惟讓與人係無償讓與該動產時，為顧及原所有人之利益，應使受讓人負返還利益之義務為宜，此際除得依民法第 183 條：「不當得利之受領人，以其所受者，無償讓與第三人，而受領人因此免返還義務者，第三人於其所免返還義務之限度內，負返還責任。」解決者外，法院應衡平不當得利之指導原則，創設例外規定，使原所有人得依不當得利之規定請求受讓人返還其所受之利益❶。

(二)原所有人與讓與人間

原所有人既已喪失所有權，對於讓與人可就下列權利擇一行使：

1.雙方當事人間，如原有債權關係存在時，可依債務不履行之規定請求損害賠償。

2.無權處分其所有物乃侵害其所有權，可依侵權行為之法則請求損害賠償。

3.讓與人如為有償處分時，因讓與人基於有償行為取得受讓人所支付之對價，乃原所有人所有權消滅之對價，卻由讓與人取得，致原所有人受有損害，兩者具有因果關係存在，且無法律上之原因，構成不當得利。故

但原權利人或第三人已取得之利益，不因此而受影響。前項情形，若數處分相牴觸時，以其最初之處分為有效」。

❶　楊與齡，《民法物權》，82 年，頁 96。

❶　孫森焱，《民法債編總論》，（上冊），頁 156，則認可直接適用第 183 條規定；但本文認為，應在立法上仿效德國立法例，明定無償取得無善意取得之適用，以求解決，方為上策。

原所有人自得依不當得利之規定，請求返還所受之利益。

(三)讓與人與受讓人間

讓與人與受讓人間，仍應依所有權移轉所據之法律關係（原因行為）定其權利義務關係，受讓人不得藉口善意取得，而拒絕負擔因原因行為所生之義務。該原因行為如有無效或其他不存在之情形，讓與人應得依不當得利規定，對受讓人請求返還其受讓之動產。

二、動產上之負擔是否歸於消滅問題

一般而言，受讓人如係善意取得，則動產上之負擔歸於消滅，受讓人取得無瑕疵之所有權。但從法律經濟之觀點言之，如受讓人對動產上之負擔業已知悉而非屬善意，則其自應承受其對於動產上之負擔，因為其於受讓時，必定已經做過利益衡量之故。

三、善意取得之例外

(一)盜贓、遺失物之無償回復

1.現行民法

民法第 949 條規定:「占有物如係盜贓或遺失物，其被害人或遺失人，自被盜或遺失之時起，二年以內，得向占有人請求回復其物。」茲分析其要件如下:

(1)須為盜贓或遺失物。

(2)須現占有人已經符合善意取得之要件。

(3)請求回復之人須為被害人或遺失人。

(4)須於兩年以內請求。

2.民法物權修正草案

物權修正草案認為，善意取得，原占有人得請求返還者，現行條文僅限於盜贓及遺失物❻，惟外國立法例，尚及於其他非因權利人之意思而脫離占

有之物，例如遺忘物、誤取物等是，為更周延保障原權利人靜之安全，修正草案乃擴張適用範圍及於其他非基於原占有人之意思而喪失物之占有者。

為配合修正，請求回復之人修正為「原占有人」。又請求回復之相對人，現行規定「占有人」之真意係指已符合動產物權善意取得要件之「現占有人」❶，為期明確，爰將「占有人」修正為「現占有人」。本條修正如上並改列為第 1 項。

原占有人行使前項之回復請求權後，回復其物之效果如何，學者間雖有不同見解，惟以自請求時起，始回復其原來之權利為宜，物權修正草案第 949 條乃增訂第 2 項規定，俾杜爭議。

因此，物權修正草案第 949 條第 1 項乃修正並規定為：「占有物如係盜贓、遺失物或其他非基於原占有人之意思而喪失其占有者，其原占有人自喪失占有之時起二年以內，得向現占有人請求回復其物。」又第 949 條第 2 項增訂規定為：「依前項規定回復其物者，自請求時起，回復其原來之權利」。

(二)盜贓、遺失物之有償回復

1. 現行民法

民法第 950 條規定：「盜贓或遺失物，如占有人由拍賣或公共市場，或由販賣與其物同種之物之商人，以善意買得者，非償還其支出之價金，不得回復其物。」茲分析其要件如下：

(1)須為盜贓或遺失物

(2)須為占有人善意買得者

因此，動產質權之善意取得不適用本條規定。

(3)須於法定情形下買得者

茲所稱「法定情形」有如下三種：a. 拍賣；b. 公共市場買得者；c. 由販賣同種之物的商人買得者。

(4)須償還占有人支付之價金

---

❶　參閱德國民法第 935 條、瑞士民法第 934 條第 1 項之規定。

❶　最高法院 29 年度臺上字第 1061 號判例。

(5)須於兩年以內請求

2.民法物權修正草案

　　為配合第949條之修正，本條修正草案乃配合修正，增列「其他非基於原占有人之意思而喪失其占有之物」，亦適用無償回復之例外規定；「占有人」修正為「現占有人」。又現行規定「公共市場」易誤解為僅指公營之市場而已，惟推其真意，舉凡公開交易之場所均屬之，拍賣或一般商店亦包括在內，為避免誤解，修正草案第950條將「拍賣或公共市場」修正為「公開交易場所」。

　　因此，修正草案第950條規定為：「盜贓、遺失物或其他非基於原占有人之意思而喪失其占有之物，如現占有人由公開交易場所，或由販賣與其物同種之物之商人，以善意買得者，非償還其支出之價金，不得回復其物」[18]。

(三)特殊物品不得回復

1.現行民法

　　民法第951條規定：「盜贓或遺失物，如係金錢或無記名證券，不得向其善意占有人，請求回復。」但是盜贓或遺失物如為票據，則另有票據法上第14條：「以惡意或有重大過失取得票據者，不得享有票據上之權利。無對價或以不相當之對價取得票據者，不得享有優於其前手之權利。」之規定，其用意在於彰顯以惡意或有重大過失而取得票據者，即無加以保護之必要，此為票據法之特別規定，故無民法第951條之適用。

2.民法物權修正草案

　　為配合第949條之修正，物權修正草案乃將本條適用範圍擴張及於「其他非基於原占有人之意思而喪失其占有之物」；「占有人」修正為「現占有人」。又為配合第908條之修正[19]，修正草案乃將「無記名證券」修正為「未

---

[18]　法務部，《民法物權修正草案》，第950條修正說明，88年3月，頁311。

[19]　按草案第908條修正內容為：「質權以未記載權利人之有價證券為標的物者，因交付其證券於質權人，而生設定質權之效力。以其他之有價證券為標的物者，

記載權利人之有價證券」。

因此，物權修正草案第951條規定為：「盜贓、遺失物或其他非基於原占有人之意思而喪失其占有之物，如係金錢或未記載權利人之有價證券，不得向其善意現占有人請求回復」❷⃝。

㈣惡意占有人不得回復

又民法第949條及第950條規定之回復請求權人，本不以占有物之所有人為限，尚及於其他具有占有權源之人，例如物之承租人、借用人、受寄人或質權人等是❷①。此外，原占有人縱無實體法上之占有本權，除係惡意占有之情形外，其占有仍以同受保護為宜，民法物權修正草案第951條之1乃增訂：「民法第949條及第950條之規定，於原占有人為惡意占有者，不適用之」❷②。依此修正條文之規定，原占有人如為惡意占有者即不受保護。

㈤第948條和第949條之關係

1.現行民法

民法第948條規定：「以動產所有權，或其他物權之移轉或設定為目的，而善意受讓該動產之占有者，縱其讓與人無讓與之權利，其占有仍受法律之保護」。又民法第949條規定：「占有物如係盜贓或遺失物，其被害人或遺失人，自被盜或遺失之時起，二年以內，得向占有人請求回復其物」。

2.民法物權修正草案

物權修正草案認為，現行規定在於保障動產交易之安全，故只要受讓人為善意（不知讓與人無讓與之權利），即應保護之。惟受讓人不知讓與人無讓與之權利係因重大過失所致者，因其本身具有疏失，應明文排除於保護範圍之外，以維護原所有權靜的安全，此不但為學者通說，德國民法第

並應依背書方法為之。前項背書，應記載設定質權之意旨」。

❷⃝　法務部，《民法物權修正草案》，第951條修正說明，88年3月，頁312。

❷①　黃右昌，《民法物權詮解》，頁460；史尚寬，《物權法論》，頁519。

❷②　法務部，《民法物權編修正草案》，第951條之1修正說明，頁312。

932 條第 2 項亦作相同之規定，修正草案第 948 條乃仿之增列但書規定並移列為第 1 項。

　　善意受讓，讓與人及受讓人除須有移轉占有之合意外，讓與人並應將動產交付於受讓人。民法第 761 條第 1 項但書規定之簡易交付，第 3 項指示交付均得生善意受讓之效力。惟同條第 2 項之占有改定，因讓與人仍直接占有動產，除外觀上不足發生動產物權變動之公示作用外，原權利人若對之有所請求時，仍負有返還動產之義務，實不宜使之有善意受讓效力之適用，故於受現實交付前，不生善意受讓之效力，始足以保障當事人權益及維護交易安全，修正草案第 948 條乃增訂第 2 項規定。

　　因此，物權修正草案第 948 條第 1 項規定：「以動產所有權或其他物權之移轉或設定為目的，而善意受讓該動產之占有者，縱其讓與人無讓與之權利，其占有仍受法律之保護。但受讓人明知或因重大過失而不知讓與人無讓與之權利者，不在此限。」其第 948 條第 2 項增訂規定：「動產占有之受讓，係準用第 762 條第 1 項規定而為之者，於受現實交付前，不受前項規定之保護」。

　　至於物權修正草案第 949 條修正規定，已如前述。可以看出，民法第 948 條和第 949 條二者之關係特殊[23]。

---

[23]　張永健，〈論動產所有權善意取得之若干問題〉，《台灣本土法學雜誌》，第 27 期，90 年 10 月，頁 115、116。

肆、案例探討

事　實

　　某甲珍藏之古畫乙幅，為古董商某乙所竊，經對之起訴請求某乙返還。訴訟繫屬中，某乙卻將該幅古畫高價售與不知情之某丙。某甲獲得勝訴確定判決後，據以聲請向某乙強制執行。執行中始知某乙在訴訟繫屬中，已將古畫售與某丙，請問某丙有無返還該古畫與某甲之義務？

 解　析

　　按民事訴訟法第 401 條第 1 項規定❷❹，係承續同法第 400 條規定❷❺而來。因此，第 401 條之所謂「於訴訟繫屬後為當事人之繼受人」者，應指繼受為訴訟標的之法律關係者始足當之，如僅繼受訴訟標的物而未繼受其法律關係者，即非第 401 條第 1 項前段所稱之「為當事人之繼受人」。某丙僅繼受訴訟標的之物而未繼受該訴訟標的之法律關係，故非該既判力所及，某丙即無返還之義務。

---

❷❹　參閱民事訴訟法第 401 條第 1 項規定：「確定判決，除當事人外，對於訴訟繫屬後為當事人之繼受人者，及為當事人或其繼受人占有請求之標的物者，亦有效力」。按民事訴訟法雖歷經多次修正，最後一次修正於 92 年 6 月 25 日。然上開條文內容則未變更。

❷❺　參閱民事訴訟法第 400 條規定：「除別有規定外，確定之終局判決就經裁判之訴訟標的，有既判力。」按民事訴訟法雖歷經多次修正，最後一次修正於 92 年 6 月 25 日。然上開條文內容則未變更。

又實務上亦認為，確定判決除當事人外，對於訴訟繫屬後為當事人之繼受人者，亦有效力，惟所謂繼受人，如以債權之法律關係為訴訟標的者，必繼受該法律關係中之權利或義務人始足當之。如以物權之法律關係為訴訟標的者，則包括單純受讓訴訟標的物之人在內❷⑥。

本題應以某甲對某乙之勝訴確定判決，係基於何種法律關係請求返還其古畫為斷，如係基於侵權行為之債權法律關係請求，則某丙僅係單純受讓訴訟標的物，並非繼受該訴訟標的之法律關係，故非該既判力所及，某甲自不得根據該確定判決請求某丙返還。

反之，如係依民法第 767 條之規定，基於所有權人之物上返還請求權，以某乙侵奪其古畫為理由請求返還，因係以物權為訴訟標的，其既判力自及於單純受讓訴訟標的物之某丙，惟動產之善意受讓人某丙，得依民法第 801 條、第 950 條規定，主張其權利，以排除該判決之既判力❷⑦。

最後，應注意者，動產所有權之善意取得，因頗複雜，且理論與實務意見不一，故在善意制度之規劃方面，有學者認為動產能否善意取得，應依交易過程之性質而定，如是在公開市場或由商人以善意取得者，不論其是否為盜贓物或遺失物，受讓人均可取得所有權；反之，如非依上述交易過程取得，則縱使不是盜贓物、遺失物，亦不可善意取得❷⑧。

因此，針對動產所有權之善意取得，或有必要研究另一套可行之制度，亦即以「公開與否」做區分之善意取得制度❷⑨。

---

❷⑥ 最高法院 61 年度臺再字第 186 號判例。

❷⑦ 司法院 (70) 廳民三字第 154 號，宜蘭地方法院，《民事法律問題研究彙編》，第 1 輯，70 年 3 月 7 日，頁 185。

❷⑧ 王澤鑑，《民法學說與判例研究》，第 2 冊，〈盜贓物的牙保、故買與共同侵權行為〉，68 年，頁 229。

❷⑨ 張永健，〈論動產所有權善意取得之若干問題〉，《台灣本土法學雜誌》，第 27 期，90 年 10 月，頁 117–120。

伍、結　語

　　無論是基於「做賊心虛」之心理因素，或社會之實際情況，無處分權人為處分時，幾乎都不希望被發現，也正因為如此，多不以公開方式進行交易。如此一來，買方本身即會有懷疑之預期心理，其購買意願亦會較低，願意付出之價格亦較低，從而可能會降低偷竊該動產之誘因，長期而言，或許可以間接減少無權處分與偷竊之發生。

　　以目前實際情況言，因一般人不敢奢望失物可以失而復得，反而比較關心如何防止被竊。因此，所必須付出以及關注者，係防盜成本問題，而非失竊後所有權之歸屬，如上所述，倘採取「公開與否」作為區分之善意取得之制度，可以降低失竊率，則防盜成本即可以隨之降低。

　　如受讓人在非公開市場中取得之物，因必須化費調查成本，才不至於買到失竊物，以使順利取得所有權。換言之，如已經付出很高調查成本，即不致發生最後卻仍喪失所有權之窘況；同理，如能取得所有權，則已付出之調查成本不會浪費，亦不會支出無益費用。反之，在公開市場之情形下，受讓人僅付出不被評價為「重大過失」之調查成本即可。

　　有關善意取得制度設計之問題，雖然目前學說討論，尚非多見，而民法物權編修正草案，對此部分亦未有太大修改。然而，善意取得制度作為傳統物權法上之一項基本法律制度，產生於人們隨商品經濟發展，而對交易安全所投入之更多關注，並經由「靜之安全」，以調和所有權人與受讓人間之利益。

　　總之,善意取得制度出現之原因係由於交易安全與所有權保護之平衡。隨著交易形態的複雜化與交易客體之多樣化，善意取得制度亦面臨許多挑戰。因此，一定要兼顧雙方面權利之平衡。

第 六 章

無主物之先占

Ownership of the
Personal Property

壹、概　說

所謂先占，係指依民法第 802 條：「以所有之意思，占有無主之動產者，取得其所有權。」之規定，即以所有之意思，占有無主之動產，而取得所有權之事實。該條文雖標明「以所有之意思」一語，但不可解為具有效果意思，從而，依先占而取得所有權，並非基於意思表示，乃基於先占之事實，法律遂賦予該項效果❶。

民法採動產可以先占之原則，至於不動產，依土地法❷第 10 條之規定：「中華民國領域內之土地，屬於中華民國人民全體，其經人民依法取得所有權者，為私有土地。私有土地之所有權消滅者，為國有土地。」故土地即不能因先占而取得所有權。而定著物雖無特別法規定，但參照民法第 1185 條有關賸餘遺產歸屬之規定意旨，亦應屬於國庫，而不得為先占之標的。因此，民法就動產係採先占自由原則，而不動產則採國家先占主義之法例。

又由於法務部分別於民國 88 年與 95 年訂定新舊兩次版之民法物權修正草案，故本章論述無主物之先占時，亦剖論其修正條文與修正說明。

貳、先占之性質與要件

一、先占之性質

關於先占之法律性質，學者見解不一。大致可分為三種❸：

---

❶　鄭玉波，《民法物權》，三民書局，56 年 1 月增訂四版，頁 97。

❷　參閱土地法第 10 條之規定。該法歷經多次修正，最後一次修正於 95 年 6 月 14 日。

❸　謝在全，《民法物權論》，上冊，增訂三版，93 年 8 月，頁 447–449。

(一)法律行為說

有認為民法既以需具有所有權之意思為先占之要件，而該意思即為法律行為取得所有權之效果意思，故應認為先占是法律行為。

(二)準法律行為說

有認為先占乃以意思為要素之準法律行為中之非表見行為，因先占非達成私法自治目的之制度，乃法律對於一定之意思行為，承認其具有取得所有權效果之制度。

(三)事實行為說

根據上述民法第 802 條之條文規定，是基於意思表示，以先占之事實而取得所有權，並非基於效果意思。而條文所謂：「以所有之意思」，不過指事實上對物有完全支配管領之意思，基於此種占有無主物動產之事實，法律遂賦予取得所有權之效果，故先占之性質，應為事實行為。此說為學者通說，本文亦採之。

因此，凡具有意思能力，對物有管領力者，皆得為有效之先占，不以具有行為能力為必要❹。

二、先占之要件

依民法第 802 條之條文及其相關規定,因先占而取得對動產之所有權,必須具備下列要件：

(一)先占之標的物須為動產

民法僅允許對「動產」先占，所謂「動產」，應依民法第 67 條規定之意義定之。是以不動產不能為先占之標的物，土地為不動產，依土地法第 14 條規定，土地不屬於私人所有❺，雖個人依法可以取得所有權，但所有

---

❹　王澤鑑，《民法物權(1)──通則、所有權》，86 年 9 月，頁 234。

權消滅後，土地仍屬公有，故土地不得作為先占的標的物。

不動產不能為先占之標的物，則田地產物尚未分離前，依民法第66條第2項規定，為該不動產之部分，應不能為先占之標的物。惟依民法第790條第1項第2款規定，刈取雜草，採取枯枝枯幹，或採集野生物，其結果所取得之物，自可依先占之規定取得所有權。

㈡須以所有之意思

該所有之意思並不是取得所有權之意思，僅在事實上與該物之所有權人處於同一支配地位，對物在事實上有管領能力即可。因先占是基於先占之事實，而非基於取得所有權之意思表示，故法律並不要求占有人有行為能力。

㈢須為無主物

無主物是指現為無主物，不論該物以前是否有主，則非所問。故如經所有人拋棄之物，自仍屬無主物。惟當事人是否拋棄，仍應依具體情形，依民法第98條規定：「解釋意思表示，應探求當事人之真意，不得拘泥於所用之辭句。」而為決定之。例如陪葬物品，不能認為係拋棄物。捕獲之野生動物，所有人放棄追尋者，得解為有拋棄之意思。丟棄破舊衣物於垃圾車，故屬拋棄。然而，如所丟棄者為私人信件、日記等，學說上有認為其目的在於經由垃圾處理而銷毀，不得認為係拋棄，可供參考❻。

---

❺ 按土地法第14條「左列土地不得為私有：……。九、名勝古蹟。……。前項土地已成為私有者，得依法徵收之」、「古蹟：指依本法指定、公告之古建築物、傳統聚落、古市街、考古遺址及其他歷史文化遺蹟」、「私有古蹟所有權移轉時，除繼承外，政府有優先購買權；其性質不宜私有或管理不當致有滅失或減損其價值之虞者，政府得予徵收」及「土地法（舊法）第8條所載不得為私有之名勝古蹟，係指原屬於國有或公有者而言。若原屬於私人所有，在所有權未經依法消滅以前，仍應認為其私有。」參閱內政部臺內地字第09300602091號函，93年1月30日。

❻ 王澤鑑，《民法物權(1)──通則、所有權》，前揭書，頁235。

至於動產是否有主，依客觀之事實認定之，先占人之主觀認識如何，在所不問。

(四)占有人必須以合法行為占有

不得為所有權客體之不融通物，尤其是依特別法加以保護之動產，不得為先占之標的。換言之，凡違反法令之規定而先占者，該占有自屬無效，不能取得對占有物之所有權。例如依漁業法第 12 條❼禁止捕撈之魚類，不得對之為先占。

參、效　力

先占具備上述要件後，先占人就可以取得該標的物之所有權。先占人之取得係直接基於法律之規定，而非基於他人既存之權利，故為原始取得。因此，在該物上附存之權利，均應消滅。

民法第 802 條規定無主之動產，如以所有之意思而占有者，取得其所有權。惟現行法令對於具備上開要件有加以限制其取得所有權之規定者，例如野生動物保育法第 16 條❽、文化資產保存法第 53 條之規定是。為期周延並明確計，民法物權修正草案第 802 條乃規定：「以所有之意思，占有無主之動產者，除法令另有規定外，取得其所有權。」換言之，於條文中，增列「法令另有規定」之除外規定❾。

---

❼　參閱漁業法第 12 條規定：「為維持漁船作業秩序及航行作業安全，中央主管機關應訂定漁船船員管理規則。」而依該漁船船員管理規則第 31 條第 1 項第 6 款規定，船員不得擅自捕撈中央主管機關禁止捕撈之水產。該法歷經多次修正，最後一次修正於 91 年 12 月 18 日。

❽　參閱野生動物保育法第 16 條規定，該法歷經多次修正，最後一次修正於 95 年 5 月 30 日。

❾　此部分之修正與說明，新舊兩次版均相同。參閱法務部，《民法物權部分條文修正草案》，第 802 條修正說明，95 年 6 月，頁 25；88 年 3 月，頁 96。

又如原動產所有人於其物設定負擔後，將該物取回，復又拋棄，此時學者通說認為，該動產上原有之負擔，均歸於消滅❿。例如某甲將其筆記型電腦，設定動產質權於某乙，事後某甲擅取其筆記型電腦，並拋棄其所有權，此時，某乙之動產質權仍存在，而後，某丙因先占而取得該筆記型電腦所有權時，此項附存之動產質權即歸於消滅。最後，某乙僅能向某甲請求損害賠償。

肆、案例探討

事　實

某甲將其廢棄車輛置於路旁，事隔多月，無人處理，後被環保機關發現，則能否依民法有關先占或拾得遺失物之規定辦理⓫？

解　析

按「物權，除法律另有規定外，因拋棄而消滅。」「以所有之意思，占有無主之動產者，取得其所有權。」為民法第 764 條及第 802 條分別定有明文。廢棄車輛，如依客觀事實可認定為無主物者，例如廢舊不堪使用之車輛，長久停放於公共巷道，經通知車主處理而逾期未處理，依客觀事實可認車主有拋棄之意思者，就一般情形而論，該物即為無主物。其經環保機關代表國家或其他公法人（市、縣、鄉、鎮）先占者，由國家或其他公法

---

❿　王澤鑑，《民法物權(1)──通則、所有權》，前揭書，頁 236；鄭玉波，《民法物權》，頁 99。

⓫　參閱 79 年 5 月 16 日行政院環境保護署環署廢字第 16203 號，《環境保護法令彙編》，83 年 10 月版，頁 1182、1183。

人取得所有權❶。

　　又稱遺失物者，係指非基於占有人之意思而喪失其占有，現又無人占有且非為無主之動產而言，例如盜贓之車輛被遺棄路旁者是。廢棄車輛如屬遺失物而經環保機關拾得者，經依同法第 803 條至第 807 條規定程序，予以公告拍賣，其拍賣所得會金，應歸入公庫❸，而非直接歸屬環保機關。

伍、結　語

　　按先占之動產須為無主物，即現在不屬於任何人之物而言。動產之成為無主物，其情形有二：1.自始即為無主。例如野生之飛禽走獸、海產等。2.原為有主，而被拋棄。

　　動產是否被拋棄，應就具體情形，探求當事人之真意認定之。於此應注意者，95 年新修正民法物權草案第 764 條第 2 項增訂：「前項拋棄，第三人有以該物權為標的物之其他物權或於該物權有其他法律上之利益者，非經該第三人同意，不得為之。拋棄動產物權者，並應拋棄動產之占有」❹。

　　至於河川地內公有土地上之砂石，依最高法院裁判上見解，為政府管領之物，並非無主物❺。如有任何妨礙河川防護之行為，配合水利法第 78 條之修正，第 92 條之 2 至第 92 條之 5、第 93 條之 2 及第 93 條之 3 等規定處罰鍰❻。

---

❷　參照最高行政法院 56 年判字第 214 號判例。

❸　參照司法院 25 年 2 月 21 日院字第 1432 號解釋及公庫法第 2 條。

❹　此部分之修正與說明，新舊草案略有不同。參閱法務部，《物權新修正草案》，第 764 條規定，2006 年 5 月，頁 4；1999 年版，頁 60。

❺　參閱司法行政部 (66) 臺函刑字第 02657 號函。

❻　參閱 92 年 2 月 6 日修正之水利法第 78 條等規定。

第七章

遺失物之拾得

Ownership of the
Personal Property

壹、概　說

　　所謂遺失物之拾得，係指發現他人之遺失物，而予占有之一種法律事實。遺失物之拾得為事實行為，不以拾得人有行為能力為必要。

　　關於遺失物拾得之法律性質，即遺失物之拾得可否成為動產所有權取得之原因。如採否定說，認為拾得人不能取得動產所有權，而應返還於遺失人，固然有發揚我國「拾金不昧」傳統美德之作用。然在法律上卻有所不妥，蓋其一，此種傳統美德脫離現實，對人們之行為提出過高要求，不僅難以達到法律之預期目標，且使法律規定形同虛設；其二，此種傳統美德不利於發揮物之效用。古人路不拾遺，固為人們所樂於稱道，但將財產棄之而不加利用，係一種資源之浪費，對整個社會發展並不利。因此，採肯定說，認為拾得人於一定條件下，可以取得該遺失物所有權。

　　換言之，拾得人於拾得遺失物後，經一定之程序，並經六個月而無人認領者，拾得人取得遺失物之所有權。

　　遺失物係指並非基於所有人拋棄之意思，亦不因他人侵奪，僅係屬於偶然失去占有之動產。

　　最後，民法第 803 條至第 807 條有關遺失物拾得之規定，法務部分別於民國 88 年與 95 年訂定新舊物權修正草案有不同見解，加上行政機關就相關問題所作函示，對於遺失物之範圍、拾得行為以及拾得人之權利等，均有必要進一步敘述之。

貳、拾得遺失物之意義與要件

一、意　義

　　所謂遺失物，係指非基於占有人之意思而喪失占有，現又無人占有且

非為無主物之動產。拾得遺失物，係指發現他人遺失物而占有之事實行為。

　　拾得乃發見與占有，兩者結合之行為。且占有重於發見，如僅發見而未占有者，尚不能謂之拾得。發見者，指認識物之所在，而占有係對標的物之事實上支配管領力。至於究竟有無此事實上管領力，自應依社會觀念與客觀情形認定之❶。

二、要　件

　　依民法規定，拾得遺失物而取得其所有權，必須具備下列要件：

㈠遺失物須為他人所遺失之動產

　　遺失物須為拾得人以外之人所遺失。該遺失物必須是有主物，且未被他人占有。至於其原因如何，在所不問。例如某甲將其所有之錢包掉落於捷運車上，而被某乙所拾得。

　　實務上認為，按民法第 803 條至第 807 條所稱之「遺失物」，係指非基於占有人之意思而喪失其占有，現又無人占有且非為無主之動產而言❷。又「崗警於值勤時查獲之遺失物，應認其所屬機關為拾得人，如六個月內無人認領，應將其物……歸入國庫。」本件違規行為人所丟下之款項，係出於行為人之意思而喪失其占有，雖有別於遺失物；惟當時該款項既無人占有且非屬無主物，則與「遺失物」類似。從而，本件似得類推適用上揭拾得遺失物之相關規定及司法院解釋之意旨辦理❸。

　　如該物是無主物，則發生先占問題，而不發生遺失物拾得問題。對於可能為有主物，又可能為無主物之漂流物或沉沒品，依民法第 810 條規定：「拾得漂流物或沉沒品者，適用關於拾得遺失物之規定。」即適用關於拾得遺失物之規定。

---

❶　謝在全，《民法物權論》，上冊，修訂二版，92 年 7 月，頁 478。

❷　參照法務部 79 年 5 月 7 日 (79) 法律字第 6136 號函。法務部 (83) 法律字第 11530 號，83 年 6 月 3 日，法務部，《法規諮詢意見彙編㈡》，上冊，頁 151。

❸　司法院 25 年院字第 1432 號解釋。

㈡須有拾得之行為

拾得是發現與占有二者之結合，必須同時具備這二個行為才構成拾得行為。不過，實際上以後者為重要。例如甲乙二人同乘捷運，某甲先發現捷運車廂中遺有錢包，某乙後發現，如某乙先占有該錢包，則某乙為拾得人，縱然某乙之發現係基於某甲之告知者，亦同。假設某甲亦有意占有其物，但某乙搶先為之，則某乙亦仍為拾得人。然而，如某乙使用暴力阻止某甲占有時，某甲亦僅能就其衣物或身體健康所受之損害請求賠償，但不能請求某乙賠償其因而喪失之報酬請求權。但如前例，如某甲與某乙同時為占有者，為共同拾得人，關於拾得人之義務，為連帶債務人，關於拾得人之權利，則按比例分受報酬或共同取得遺失物之所有權❹。

拾得屬於一種事實行為，而非法律行為，因此，法律不要求拾得人為有行為能力之人。

實務上，查受僱人、學徒或基於其類似之關係，受他人之指示，而於物有管領之力者，僅該他人為占有人，為同法第 942 條所明定。故民法第 805 條第 2 項所謂所有人，應不含遺失物之占有輔助人。又查系爭支票固為唐盟公司之受僱人某甲所遺失，而支票權利之行使又以持有票據之人始得為之，惟某甲係受僱於唐盟公司，擔任業務接洽等事宜，且系爭支票又為其基於職務關係，為唐盟公司自客戶處取回，是其占有系爭支票，應係基於僱用關係而管有，系爭支票之實際占有人，仍為唐盟公司，即唐盟公司乃為系爭遺失支票之所有人，則拾得人某乙，僅得請求唐盟公司給付報酬❺，值得參考。

---

❹　王澤鑑，《民法物權(1)——通則、所有權》，1997 年 9 月，頁 238。

❺　臺灣臺北地方法院 88 年度簡上字第 795 號裁判，89 年 4 月 20 日，《臺灣臺北地方法院民事裁判書彙編》，89 年版，頁 303–306。

參、效 力

一、拾得人之義務

具備上述兩個要件後，遺失物拾得即告成立。但拾得人並不因此即取得對遺失物之所有權，其必須依照法律規定，經過一法定之程序，才能有可能取得遺失物之所有權。

(一)通知或揭示之義務

依民法第 803 條規定：「拾得遺失物者，應通知其所有人。不知所有人，或所有人所在不明者，應為招領之揭示，或報告警署或自治機關，報告時，應將其物一併交存。」依此規定，拾得人拾得遺失物後，知道該物所有人者，應通知所有人，不知所有人或所有人所在地不明者，應為招領之揭示，或報告警署或自治機關，並將其物一併交存。反之，將遺失物據為己有，則依刑法第 337 條規定：「意圖為自己或第三人不法之所有，而侵占遺失物、漂流物或其他離本人所持有之物者，處五百元以下罰金。」構成侵占遺失物罪。

(二)報告及交付義務

拾得物經揭示後，所有人不於相當期間認領者，依民法第 804 條規定：「拾得物經揭示後，所有人不於相當期間認領者，拾得人應報告警署或自治機關，並將其物交存。」即拾得人應報告警署或自治機關，並將其物交存。拾得物有易於腐壞性質者，或其保管需費過鉅者，依民法第 806 條規定：「如拾得物有易於腐壞之性質，或其保管需費過鉅者，警署或自治機關得拍賣之，而存其價金。」則警署或自治機關得拍賣拾得物，而提存其價金，以待所有人認領。

㈢保管及返還義務

民法第 805 條第 1 項規定:「遺失物拾得後六個月內,所有人認領者,拾得人或警署或自治機關,於揭示及保管費受償還後,應將其物返還之。」換言之,拾得人於交付官署後,並於原物主認領前,應負責保管原物。遺失物拾得後六個月內,所有人認領者,拾得人或警署或自治機關,應將其物返還。

二、拾得人之權利

拾得人履行法律規定之義務後,相應地享有如下之權利:

㈠費用求償權

遺失物拾得後六個月內所有人認領該物,依民法第 805 條第 1 項規定,則拾得人可請求所有人負揭示及保管費用。

㈡報償請求權

返還遺失物時,依民法第 805 條第 2 項:「前項情形,拾得人對於所有人,得請求其物價值十分之三之報酬。」之規定,拾得人對於所有人,得請求其物價值十分之三之報酬。

㈢取得遺失物所有權

遺失物拾得後,六個月內所有人未認領者,依民法第 807 條規定:「遺失物拾得後六個月內所有人未認領者,警署或自治機關應將其物或其拍賣所得之價金,交與拾得人歸其所有。」因此,警署或自治機關應將遺失物其物或其拍賣所得之價金,交與拾得人歸其所有。遺失物拾得人,經過法定程序依民法第 807 條規定取得遺失物所有權後,遺失人即不得依民法第 949 條:「占有物如係盜贓或遺失物,其被害人或遺失人,自被盜或遺失之時起,二年以內,得向占有人請求回復其物。」之規定,請求回復原物。

三、民法物權編舊版修正草案相關修正

(一)舊修正草案第 803 條之修正

1.關於遺失物之拾得，鐵路法❻第 53 條第 1 項、公路法❼第 53 條第 1 項設有特別規定，為期周延並明確計，爰於民法第 803 條增列「除法令另有規定外」之規定。於此應注意，新修正草案第 803 條將上開「除法令另有規定外」之規定刪除❽。

2.拾得人有通知義務；但因不知遺失人、所有人或其他有受領權之人，或其所在不明，致不能通知時，則有報告義務。惟不能通知之原因萬端，為免掛漏，爰將民法第 803 條規定之「不知所有人或所有人所在不明」修正為「其不能通知」。又為顧及遺失人急於搜尋遺失物之情形，且為使遺失物之歸屬早日確定，爰仿德國民法第 965 條、日本遺失物法第 1 條規定，於現行條文「通知」、「報告」上各增列「從速」二字。

3.至於「通知」之對象，民法第 803 條條文僅規定「所有人」，惟學者通說以為應從廣義解釋，即遺失物之所有人、限定物權人、占有人均包括在內，民法修正草案乃將「所有人」修正為「遺失人、所有人或其他有受領權之人」，以期明確，並符實際。

4.民法第 803 條條文規定拾得人有揭示之義務，為慮及拾得人為揭示之不便及揭示方法之妥適性，爰將揭示之義務修正。

5.為配合民法總則將「官署」用語修正為「機關」，本條以下各條，「警

---

❻ 參閱鐵路法第 53 條第 1 項：「對於所有人不明之運送物、寄存品或遺留物，鐵路機構應公告招領。經公告一年後仍無權利人領取時，鐵路機構即取得其所有權。」該法歷經多次修正，最後一次修正於 95 年 2 月 3 日。

❼ 參閱公路法第 53 條第 1 項：「汽車運輸業對於站、車內所有人不明之運送物、寄存品或遺留物，應公告招領之；公告逾一年，仍無權利人領取時，取得其所有權。」該法歷經多次修正，最後一次修正於 95 年 7 月 2 日。

❽ 法務部，《民法物權部分條文修正草案》，第 807 條修正說明，95 年 6 月，頁 25。

署」均修正為「警察」機關。

6.凡於機關、學校、團體或其他公共場所拾得遺失物者，事實上向各該場所之管理機關、團體或其負責人、管理人報告並交付其物，由其招領較為便捷，且具實益，爰將現行條文改列為第1項並增列但書：「但於機關、學校、團體或其他公共場所拾得者，亦得報告於各該場所之管理機關、團體或其負責人、管理人，並將其物交存」。即規定由拾得人自由選擇報告並交存其物於警察、自治機關或各該場所之管理機關或其負責人、管理人。

7.此外，物權修正草案增列第803條第2項規定揭示地點及揭示方法，揭示地點不以遺失物拾得地為限。凡適當處所，適當方法均得為之❾，以富彈性。

因此，物權修正草案第803條第1項規定為：「拾得遺失物者，除法令另有規定外，應從速通知遺失人、所有人、其他有受領權之人或報告警察、自治機關。報告時，應將其物一併交存。但於機關、學校、團體或其他公共場所拾得者，亦得報告於各該場所之管理機關、團體或其負責人、管理人，並將其物交存。」第2項規定為：「前項受報告者，應於遺失物拾得地或其他適當處所，以公告、廣播或其他適當方法招領之」❿。

㈡舊修正草案第804條之修正

為配合第803條之修正，爰將現行條文「揭示」修正為「依前條第1項為通知或依第2項由機關（此處所指之「機關」係指警察機關及自治機關以外之其他機關而言）、學校、團體或其他公共場所為招領」；「拾得人」修正為「拾得人或招領者」；「其物」修正為「拾得物」。又為貫徹保護有受領權之人之利益，爰增訂警察或自治機關，認原招領之方法不適當時，得再為招領，俾有受領權之人更有適當機會知悉其遺失物之所在。修正草案

---

❾　此之適當處所，例如警察、自治機關；而所謂適當方法，例如電臺廣播、電視廣播。

❿　法務部，《民法物權部分條文修正草案》，第803條修正說明，88年3月，頁96、97。

第 804 條乃規定為：「依前條第 1 項為通知或依第 2 項由機關、學校、團體或其他公共場所為招領後，有受領權之人未於相當期間認領時，拾得人或招領者應將拾得物交存於警察或自治機關。警察或自治機關認原招領之方法不適當時，得再為招領之」❶。

(三)舊修正草案第 805 條之修正

1.民法第 805 條第 1 項規定「拾得後」六個月，究自何時起算，易滋疑義，為明確計，爰將「拾得後」修正為「自通知或最後招領之日起」，以保障有受領權之人之權益。又為配合第 803 條、第 804 條之修正，爰將「所有人」修正為「有受領權之人」；負返還物之義務者，加列「招領者」；「警署」修正為「警察」機關；而償還之費用，將「揭示費」修正為「通知、招領之費用」。因此，第 805 條第 1 項修正條文規定為：「遺失物自通知或最後招領之日起六個月內，有受領權之人認領時，拾得人、招領者、警察或自治機關，於通知、招領及保管之費用受償還後，應將其物返還之」。

2.拾得人之報酬請求權，僅於有受領權之人認領遺失物時始存在，第 805 條第 2 項雖規定為其物價值十分之三。惟解釋上以具有客觀標準之財產上價值十分之三為上限，如請求十分之三以下，自無不可。又物有不具財產上價值，但對有受領權之人重要者，如學歷證件或其他證明公私法上權利之證明文件等，為獎勵拾物不昧之精神，亦承認拾得人有報酬請求權，惟其報酬多寡，難作具體規定，故以「相當」表示之，爰仿德國民法第 971 條第 1 項第 3 款規定，修正第 805 條第 2 項為：「有受領權之人認領遺失物時，拾得人得請求報酬。但不得超過其物財產上價值十分之三。其不具有財產上價值者，拾得人亦得請求相當之報酬」❷。

3.為使權利狀態早日確定，爰增訂第 3 項：「前項報酬請求權，因六個

---

❶ 法務部，《民法物權部分條文修正草案》，第 804 條修正說明，88 年 3 月，頁 99、100。

❷ 法務部，《民法物權部分條文修正草案》，第 805 條修正說明，88 年 3 月，頁 101、102。

月不行使而消滅」之短期消滅時效之規定。又報酬請求權之起算點，參照民法第 128 條意旨，以有受領權之人認領遺失物時起算。

4.為確保第 1 項費用之支出者之費用償還或拾得人之報酬請求權，爰增訂第 4 項：「第 1 項費用之支出者或已聲明請求報酬之拾得人，在其費用或報酬未受清償前，就該遺失物有留置權。其權利人有數人時，遺失物占有人視為為全體權利人占有」之留置權規定。於遺失物有多數之權利人，且各有不同之費用或報酬請求權時，各人對遺失物均有留置權。遺失物實際上僅由其中一人占有時，其占有應視為係為全體留置權人而占有。此種留置權為特殊留置權，其性質依民法第 939 條：「法定留置權，除另有規定外，準用本章之規定。」之規定，可準用物權編第九章留置權相關之規定❸。

5.遺失物在公眾得出入之場所或供公眾往來之交通設備內拾得者，其管理人或受僱人本有招領及保管之義務，自不宜有報酬請求權。又拾得人之報酬，不獨為處理遺失物事務之報酬，亦為拾物不昧之榮譽給付，故拾得人如違反通知義務或經查詢仍隱匿拾得之事實，即喪失報酬請求權，始為公允，爰仿德國民法第 971 條第 2 項立法例，增列第 5 項規定為：「遺失物在公眾得出入之場所或供公眾往來之交通設備內，由其管理人或受僱人拾得者，不得請求第 2 項之報酬。拾得人違反通知義務或經查詢仍隱匿其拾得之事實者，亦同」。

㈣舊修正草案第 806 條之修正

現行條文規定拾得物採拍賣方法，雖拍賣法尚未公布，惟拍賣仍須經一定之程序❹，需時既多，費用亦鉅，為求經濟簡便，修正草案第 806 條乃規定：「拾得物性質上易於腐敗或其保管需費過鉅者，招領者、警署或自治機關得為拍賣或逕以市價變賣之，保管其價金。」換言之，修正兼採變賣方法，「得逕以市價變賣」，以兼顧有受領權之人及拾得人雙方之權益❺。

---

❸　此部分之修正與說明，新舊兩次版均相同。參閱法務部，《民法物權部分條文修正草案》，第 805 條修正說明，95 年 6 月，頁 27；88 年 3 月，頁 100、101。

❹　此所謂「經一定之程序」，係指債編施行法第 28 條之規定。

(五)舊修正草案第 807 條之修正

1.為配合第 805 條之修正，爰將「拾得後」修正為「自通知或最後招領之日起」；「所有人」修正為「有受領權之人」；「警署」修正為「警察」機關。又拾得人於法定期間屆滿，即取得其物之所有權；若該物已變賣者，拾得人當然取得該價金之權利。為期拾得人早日領取遺失物或因拍賣或變賣所得之價金，爰課警察或自治機關以通知或公告之義務，第 807 條條文加以修正為：「遺失物自通知或最後招領之日起逾六個月，未經有受領權之人認領者，由拾得人取得其所有權。警察或自治機關並應通知其領取遺失物或賣得之價金。其不能通知者，應公告之。」並改列為第 1 項。

2.拾得人於受前項通知或公告後，經過一定期間未領取時，應如何處理，第 807 條尚無明文規定，易滋疑義。爰參考德國民法第 976 條第 2 項、日本遺失物法第 14 條、我國民法第 44 條第 2 項規定，增列第 807 條第 2 項：「拾得人於受前項通知或公告後三個月內未領取者，其物或賣得之價金歸屬於保管地之地方自治團體」。即明定拾得人喪失其物或賣得之價金，歸屬於保管地之地方自治團體❶⑥。

四、民法物權編新版修正草案相關修正

(一)新版修正草案第 803 條之修正

新版修正草案第 803 條之規定：「拾得遺失物者，應從速通知遺失人、所有人、其他有受領權之人或報告警察、自治機關。報告時，應將其物一併交存。但於機關、學校、團體或其他公共場所拾得者，亦得報告於各該場所之管理機關、團體或其負責人、管理人，並將其物交存。」刪除舊版修

---

⑮ 法務部，《民法物權部分條文修正草案》，第 806 條修正說明，88 年 3 月，頁 105。

⑯ 此部分之修正與說明，新舊兩次版均相同。參閱法務部，《民法物權部分條文修正草案》，第 807 條修正說明，95 年 6 月，頁 30；88 年 3 月，頁 105、106。

正草案「除法令另有規定外」之規定。

草案第 803 條第二項規定：「前項受報告者，應從速於遺失物拾得地或其他適當處所，以公告、廣播或其他適當方法招領之」。

㈡新版修正草案第 806 條之修正

新版修正草案第 806 條之規定：「拾得物易於腐壞或其保管需費過鉅者，招領者、警察或自治機關得為拍賣或逕以市價變賣之，保管其價金」。刪除舊版修正草案「性質上」三字。

㈢新舊版修正草案有關第 804 條、第 805 條、第 807 條之修正完全相同。

肆、實務上特殊問題

一、遺失物經拾得人報告並交存後之處理程序

遺失物經拾得人依民法第 803 條、第 804 條報告並交存於警署或自治機關後，於第 807 條所定，自報告並交存遺失物之翌日起算六個月法定期間內，所有人（包括其他有受領權人）未認領者，拾得人自六個月期間屆滿之時起，即依法律規定自動之原始取得該遺失物之所有權[17]，警署（或自治機關）負有交付該遺失物（或其拍賣所得之價金）與拾得人歸其所有之義務。

警署非因自己之過失，不知拾得人之居所而無從通知其領取時，實務上因意思通知為準法律行為，得準用法律行為中之意思表示之規定[18]，應準用民法第 97 條規定，依民事訴訟法以公示送達為期限領取之通知。公示送達

---

[17]　史尚寬，《物權法論》，60 年 11 月，頁 123。

[18]　最高法院 41 年度臺上字第 490 號判例。

所定期限屆滿，拾得人仍未領取者，警署得以受領遲延為由，依民法第 326 條以及提存法第 4 條之規定向提存所辦理提存；亦得不辦理提存，由警署繼續保管該拾得物。如辦理提存，依民法第 327 條第 2 項規定，警署仍應依提存法第 8 條、第 10 條第 2、3 項之規定，為提存之通知，或附具提存通知書聲請法院為公示送達，自提存後經過十年，拾得人未領取者，民法第 330 條之規定，該提存物（拾得物）即歸屬國庫。如不辦理提存，由警署繼續保管該拾得物，則拾得人之交付請求權，民法第 125 條之規定，因十五年間不行使而消滅❶，警署得以時效消滅為抗辯，將拾得物歸入國庫。

二、拾得遺失物以「發見」並「占有」遺失物為要件

有關拾得遺失物要件中，以「發見」並「占有」遺失物為問題，例如計程車乘客於車內拾得財物，委交駕駛人代為報警招領，是發見並占有遺失物，顯係該計程車乘客，應以其為拾得人。該計程車乘客雖未透露姓名，仍自駕駛人代為報告並交存遺失物之翌日起算六個月期間屆滿時，依法律規定自動的原始取得該遺失物之所有權。警署因拾得人未透露姓名致無從通知其領取拾得物者，得以「不能確知孰為權利人而難為給付」為由，依民法第 326 條之規定提存之；或由警署繼續保管該拾得物。其處理程序與前述相同。

三、拾得遺失物補充適用無因管理之規定問題

按拾得遺失物，性質上為無因管理之一種，除拾得遺失物之規定外，應補充適用無因管理之規定。而所謂遺失物，民法上並無明文限制。支票為有價證券之一種，拾得支票，非不得依上開規定辦理。拾得「兌現日期已過之支票」，如係指「已逾付款期限，但發行未滿一年之支票」，對該支票，因付款人於提示期限經過後仍得付款，依票據法第 132 條、第 134 條、

---

❶　姚瑞光，《民法物權論》，79 年 9 月，頁 110。

第 136 條之規定，發票人仍負票據上責任，執票人對發票人仍得行使追索權。執票人並未喪失票據權利，該支票仍具完全有價證券之性質。拾得人除得逕報告並交存該支票於警署外，亦得依民法第 172 條無因管理之規定，以有利於執票人（本人）之方法為保全該支票，代執票人行使票據權利以免罹於時效，以所得款項依拾得遺失物之規定處理之。但票據法第 18 條、第 19 條之規定，該支票遺失後，如經執票人為止付之通知並經公示催告取得除權判決者，不在此限。

拾得「兌現日期已過之支票」，如係指「自發票日起算發行已滿一年之支票」，因發票人得為時效抗辯，付款人對之不得付款。執票人之票據權利已罹於時效而消滅，雖依票據法第 22 條、第 136 條之規定，仍有受益償還請求權，但此權利並非票據權利（非票據關係），非拾得人所得代為行使。拾得人僅得將該支票本身，依有關拾得遺失物之規定處理之 [20]。

四、拾得漂流物或沉沒品之適用

民法第 810 條規定：「拾得漂流物或沉沒品者，適用關於拾得遺失物之規定。」所謂漂流物，指漂流於水面而權利人喪失其占有之動產。所謂沉沒品，則指由水面沉入水底之物。

修正草案認為，漂流物、沉沒物均為因水之自然力而脫離他人占有之物。事實上尚有其他自然力例如颱風、大雨致使物品脫離他人占有之情形，為期周延，民法物權修正草案第 810 條乃以漂流物、沉沒物為例示，增列概括規定「其他因自然力而脫離他人占有之物」[21]。又其餘修正，僅為文字及標點符號之整理。因此，其修正草案第 810 條規定為：「拾得漂流物、沉沒物或其他因自然力而脫離他人占有之物者，適用關於拾得遺失物之規定」[22]。

---

[20] 法務部 (73) 法律字第 1955 號，73 年 2 月 20 日，《法務部法規諮詢意見（二）》，上冊，頁 153-155。

[21] 參考瑞士民法第 725 條第 2 項之規定。

[22] 此部分之修正與說明，新舊兩次版均相同。參閱法務部，《民法物權部分條文

　　實務上認為，本件系爭船舶菲籍「南太平洋皇○號」，原停泊於花蓮港外港，嗣因艾貝颱風侵襲，始由該外港漂流至花蓮港外，擱淺於木瓜溪口百姓公廟下沙灘上，大部分為沙土掩埋，已喪失機動能力，並經辦畢保險索賠事宜，現所有權應屬國外保險公司。則該船是否為漂流物或沉沒品，可否適用民法第 810 條處理，依前開說明，本於職權自行審酌。又花蓮港為商港，系爭船舶擱置地點是否屬「商港區域內」或「在船席或航道致阻塞進出口船舶之航行、停泊」，有無商港法第 16 條及海商法之適用，亦請一併審酌。另本件涉及國際商務事件，為避免引起紛爭，似宜尋求適當途徑謀求解決❷❸。

伍、結　語

　　我國雖有「拾金不昧」傳統美德，但在法律上，拾得人於拾得遺失物後，經一定之程序，並經六個月而無人認領者，拾得人取得遺失物之所有權。但拾得人若為公家機關，則不能依拾得行為取得遺失物之所有權。至於拾得人侵占遺失物，或違反法律義務，或有其他違法行為者，則拾得人不能取得遺失物之所有權。

　　拾得人於拾得遺失物後六個月內，所有人認領者，拾得人或警署或自治機關，於揭示及保管費受償還後，依民法第 805 條第 1 項規定，應將其物返還之。此時，拾得人對於所有人，得依民法第 805 條第 2 項規定，請求其物價值十分之三之報酬。

　　於此亦應注意新舊修正草案有關遺失物拾得之揭示報告義務及增訂報告者之招領義務、修正遺失物經揭示後之處理方法、修正認領期限之起算點及請求報酬之相關規定、增訂易於腐壞之拾得物之處理方法、增訂拾得

　　修正草案》，第 810 條修正說明，95 年 6 月，頁 30；88 年 3 月，頁 107。

❷❸　法務部 (78) 法律字第 20857 號，78 年 12 月 23 日，《法務部法規諮詢意見㈡》，上冊，頁 157。

人逾期未領取遺失物或賣得價金時之處理方法、增訂其他因自然力而脫離他人占有之物，亦有適用關於拾得遺失物之規定。

第八章

埋藏物之發現

Ownership of the
Personal Property

壹、概 說

所謂埋藏物係指藏於動產或不動產中，而不知該物所有權歸屬於誰之動產。所謂埋藏物之發現，係指發現埋藏物並占有該物之一種法律事實。

埋藏物發現之性質與遺失物拾得相同，均為事實行為，不以發現人有行為能力為必要。此均與無主物之先占，遺失物之拾得相同。

關於發現埋藏物之立法例有三：一即發現人取得主義；二即公有主義；三即報酬主義。我國原則上係採發現人取得主義，而以公有主義為例外。

又法務部雖分別於民國 88 年與 95 年訂定新舊兩次版之民法物權修正草案，但本章論述埋藏物之發現時，所涉及之民法第 808 條、第 809 條規定，較為單純，故前後兩次均未修正，當然亦無修正說明。

貳、埋藏物發現之要件

一、要 件

民法第 808 條規定：「發見埋藏物而占有者，取得其所有權。但埋藏物係在他人所有之動產或不動產中發見者，該動產或不動產之所有人與發見人，各取得埋藏物之半。」依此規定，埋藏物之發現須具備幾個要件：

㈠埋藏物須為動產

埋藏物須以動產為限，而動產之價值如何，則非所問。至於人類之遺體，本得為其親屬所有權之客體，且限於祭祀等不違反公序良俗之特定用途，故不得為發見埋藏物之標的物。

(二)該物須埋藏於其他動產或不動產之中

埋藏物依其文義解釋，須埋於其他動產或不動產之中，即隱藏於他物之中，通常不易自外部得知其存在之狀態。此之「他物」即學說上所稱之包藏物，不限於埋於不動產，埋於其他動產亦可，例如夾層皮箱中藏入之物，中空之皮帶中所隱藏之物亦包括在內。且包藏物，亦不限於公有或私有。

埋藏物之埋藏原因雖大多出於故意，但不以此為限，其原因出於人為或天然，均非所問。

(三)該物須為不知所有權歸屬之物

埋藏物係指依物之性質或存在之狀態，社會觀念上，足以推知其曾為人所有，且現在仍為其人或其繼承人所有。然其所有人究為何人，現在仍難以辨明者而言。此與無主物乃為無人所有物或其為何人所有，現已無可查考之情形，並不相同❶。

又埋藏於他物之中，須非顯而易見者。否則，如係顯而易見者，即為遺失物。至於埋藏之原因以及埋藏時間之長短，均非所問。又如古代房屋或城市因地震或火山爆發等原因而被埋藏於地下而成為土地之一部分者，不構成埋藏物。此外，人類之遺骸亦非埋藏物，但有考古價值之木乃伊，則為埋藏物。

足見埋藏物之所有人通常均已喪失占有，蓋如其仍在占有中，則其埋藏物之所有人已可推知，當然無所有人不明可言。準此，倘如動產雖埋藏於他物之中，但為何人所有，甚為明確或依客觀情形，足以推知其所有人者，仍非埋藏物。

(四)發現埋藏物後並占有

發現指認識埋藏物之所在而言，至於其發現之原因為何，係出於有意或無意，固非所問，亦不以適法為限。然如非合法，則可能構成侵權行為

---

❶　謝在全，《民法物權論》，上冊，修訂二版，92 年 7 月，頁 500。

或其他法律責任之問題。

依民法第 808 條規定，如僅「發見」埋藏物，尚有未足，更須發見埋藏物而占有，始能取得埋藏物之所有權。故如發見埋藏物之人與占有人非同屬一人時，應以占有人之占有是否基於他人發見之結果，而決定所有權歸屬之標準。例如某甲於拆除違章建築時，於牆壁中發見埋藏物，某乙卻立即搶先占有，則應以某甲為發見人，某乙搶先占有係侵害某甲之期待權，某甲得向某乙請求返還❷。

二、埋藏物與遺失物有之不同

埋藏物與遺失物有如下之不同：

1. 埋藏物必藏於他物之中，而遺失物則非以藏於他物為必要。

2. 埋藏物所有人不明，而遺失物通常可知所有人或只是所有人所在不明。

3. 埋藏物占有之喪失大多出於本人之意思，而遺失物占有之喪失非出於本人之意思。

4. 埋藏物小質上不可能在易見之處，而遺失物可能在易見之處。

5. 實務上，埋藏物因某種原因暴露於外者，為遺失物。如埋藏物與遺失物不能判定時，應推定為埋藏物。

參、法律效果

民法第 808 條前段規定，具備上述條件之埋藏物發見人，即取得對該埋藏物之所有權。此乃法律所規定動產所有權之特殊取得原因，且發見人之取得所有權，非基於他人既存之所有權，故發見埋藏物而取得埋藏物之所有權，屬於原始取得，在該物之其他負擔，亦因而消滅。

依民法第 808 條但書規定，但埋藏物係在他人所有之動產或不動產中

---

❷ 謝在全，《民法物權論》，上冊，前揭書，頁 502；王澤鑑，《民法物權(1)——通則、所有權》，前揭書，第一冊，頁 300。

發見者，該動產或不動產所有人與發見人，各取得埋藏物之半。所謂「各取得埋藏物之半」，係指應由包藏物所有人與發見人平分，各取得其一半是也。如該埋藏物無法分割，則由包藏物所有人與發見人應有部分各為二分之一。至於何人為包藏物所有人，在不動產以登記為準，動產則以占有為準。

又民法第 809 條規定：「發見之埋藏物足供學術、藝術、考古或歷史之資料者，其所有權之歸屬，依特別法之規定。」依此規定，如所發見之埋藏物足供學術、藝術、考古或歷史之資料者，則屬例外。對此等所發見之埋藏物之所有權歸屬，須依特別法的規定。在我國，此種特別法有「文化資產保存法」，依舊文化資產保存法第 17 條規定：「埋藏地下、沉沒水中或由地下暴露地面之無主古物，概歸國家所有。前項古物之發見人，應即報告當地警察機關轉報或逐報地方政府指定保管機構採掘收存；對發見人獎勵辦法，由教育部定之。對於珍貴稀有之古物，地方政府應函請教育部指定公立古物保管機構收存保管。」不過應注意，94 年文化資產保存法修正時，上開規定已刪除❸。

---

❸　參閱舊文化資產保存法第 17 條之規定，按該法於 71 年 5 月 26 日訂定，歷經多次修正，最後一次修正於 94 年 2 月 5 日。該舊文化資產保存法第 17 條雖經刪除，但依 90 年 12 月 28 日修正之古蹟保存獎勵要點第 7 點第 1 項仍有規定：「發見埋藏地下、沉沒水中或存在於地上之無主古蹟，向當地警察機關或地方政府報告，經本部審定後，頒給獎牌，並發給獎金新臺幣五十萬元。前項發見者，有二人以上時，以最先報告者為獎勵對象；若同時報告者，每人各頒給獎牌，獎金均分」。

肆、案例探討

事實一

　　某甲為西子灣海水浴場中心負責人，其委由某乙就西子灣海水浴場中心進行興建，事後某乙在興建工程施工中，挖出廢電纜，則該廢電纜究應為何人所有？如某乙於興建工程施工中，於發見漂流物後僱工撈取，則該漂流物所有權誰屬？

　解　析

　　按民法第 808 條規定：「發見埋藏物而占有者，取得其所有權。但埋藏物係在他人所有之動產或不動產中發見者，該動產或不動產之所有人與發見人，各取得埋藏物之半。」本件西子灣海水浴場中心興建工程施工中所挖出之廢電纜，似可依此項規定處理❹。換言之，廢電纜係在他人所有之不動產中發見者，該不動產之所有人與發見人，各取得埋藏物之半。因此，該廢電纜由某甲與某乙各半。

　　又按民法所謂「漂流物」，係指水上之遺失物及因水流至水邊之遺失物，而「沉沒品」則指由水面沈入水底之物❺。故如漂流物之發見人只發見，而未加撈取者，似亦不能視作撿得人，但發見人於發見後僱工撈取者，除契約另有訂定外，應以發見人為撿得人，發見後並與他人共同撈取者，應

---

❹　前司法行政部 (65) 臺函民字第 04068 號，65 年 5 月 20 日，《法務部行政解釋彙編》，第一冊，81 年 5 月版，頁 447。

❺　法務部 (78) 法律字第 20857 號，《法務部法規諮詢意見㈡》，上冊，78 年 12 月 23 日，頁 157。

與該他人為共同撿得人，共同撿得人於依法可以取得撿得物之所有權時，應同為共有人，如該共有人之應有部，除契約另有訂定外，應推定其為均等。故本件如某乙於發見漂流物後雇工撈取者，除契約另有訂定外，應以發見人為撿得人。

 事實二

　　某甲所居住之三合院為其祖父所留之古厝，95 年，某甲將其中之一間進行翻修改建，某乙則負責承攬該房屋之翻修改建工程。某乙翻修改建時，於房屋之房脊內發現一幅清代名人字畫，經鑑定清代名人字畫是稀世珍寶，則該所有權如何歸屬？

 解 析

　　本案涉及埋藏物之發現權利歸屬問題。在本案中，某乙翻修改建時，於房屋之房脊內發現一幅清代名人字畫，依民法第 808 條規定：「發見埋藏物而占有者，取得其所有權。但埋藏物係在他人所有之動產或不動產中發見者，該動產或不動產之所有人與發見人，各取得埋藏物之半。」因此，該清代名人字畫，應由某甲與某乙各取得埋藏物之半。

　　惟依民法第 809 條規定：「發見之埋藏物足供學術、藝術、考古或歷史之資料者，其所有權之歸屬，依特別法之規定。」此之特別法指文化資產保存法，故此時應注意文化資產保存法第 3 條第 1 項第 6 款規定：「古物：指各時代、各族群經人為加工具有文化意義之藝術作品、生活及儀禮器物及圖書文獻等。」因此，本案亦應查明該清代名人字畫，是否屬於文化資產保存法之「古物」，以便決定適用該法有關規定。

　　換言之，本件房屋之房脊內發現之「物」無論為古物與非為古物，依民法第 808 條之規定，由某甲與某乙各去得一半之所有權，並無不同。只

是，本件房屋之房脊內發現之「清代名人字畫」如經鑑定為上開文化資產
保存法第3條第1項第6款規定之「古物」時，有上開文化資產保存法之
適用，例如依同法第九條規定，主管機關應尊重文化資產所有人之權益，
並提供其專業諮詢。依同法第十條規定，如接受政府補助之文化資產，其
調查研究、發掘、維護、修復、再利用、傳習、記錄等工作所繪製之圖說、
攝影照片、蒐集之標本或印製之報告等相關資料，均應予以列冊，並送主
管機關妥為收藏。

伍、結　語

埋藏物之發現，係指發現埋藏物並占有該物之一種法律事實。埋藏物
發現之性質與遺失物拾得相同，均為事實行為，不以發現人有行為能力為
必要。此均與無主物之先占、遺失物之拾得相同。埋藏物之發現，而取得
埋藏物之所有權，屬於原始取得，在該物之其他負擔，亦因而消滅。

又實務上認為，漂流物或遺失物之發現人能否取得所有權，法無明文
規定，惟參照民法第808條前段規定：「發見埋藏物而占有者，取得其所有
權」，係明示發見人如只發見而未占有者尚不能取得其所有權，因而漂流物
之發見人如只發見，而未加撈取者，依相同法理，似亦不能視作檢得人，
但發見人於發見後僱工撈取者，除契約另有訂定外，應以發見人為檢得人，
發見後並與他人共同撈取者，應與該他人為共同檢得人，共同檢得人於依
法可以取得檢得物之所有權時，應同為共有人，如該共有人之應有部分，
除契約另有訂定外，應推定其為均等❻。

然而，如所發現之埋藏物、沉沒物為國有財產者，則依國有財產法❼

---

❻　前司法行政部 (45) 臺公參字第5170號，45年10月11日，《法務部行政解釋
彙編》，第1冊，81年5月版，頁448。

❼　參閱國有財產法第72條之規定，按該法於58年1月27日訂定，歷經多次修
正，最後一次修正於92年2月6日。

第 72 條規定：「國有財產被埋藏、沉沒者，其發掘、打撈辦法，由行政院定之。」處理，可資參考。

第九章

動產之添附

Ownership of the
Personal Property

壹、概　說

　　所謂添附是附合、混合、加工三者之總稱，係指不同所有人之財產或勞動成果結合在一起而形成一種新財產。此種由數個單獨物品創造新財產，或者經由加工改造原材料，產生之新產品，即為動產之添附。故上述涉及動產與不動產附合、動產與動產附合、動產與動產混合、以及動產加工，即因物與他物結合、或因加工而成為新物，學說上稱為添附。此時法律上必須確定，該所產生新產品之所有權關係。

　　又按動產與他人之動產混合，不能識別或識別需費過鉅者，固得依民法第 812 條、第 813 條、第 816 條規定，由他人取得該動產之所有權，而動產之所有權消滅者，得依不當得利之規定請求償金。惟探求添附之立法目的，旨在鼓勵經濟價值之創造，以避免回復原狀，維護社會之經濟，民法規定添附物之所有權歸由當事人中一人取得，純係基於法律技術上之便宜措施，非實質上付予終局之利益❶。

　　因此，何種狀態物之結合，應予維持，或重新定其所有權，為添附之構成要件問題。又如何決定添附所有權之歸屬，民法所採之基本原則為何，民法關於重定添附物所有權之規定，是否為強行規定。再者，構成添附之物，如有第三人權利，尤其是擔保物權存在時，應如何處理。最後，法律明定添附物由一人取得時，對喪失權利而受損害者，應如何加以救濟❷。

　　最後，有關惡意之附合、混合、加工以及添附效果之償金問題，法務部分別於民國 88 年與 95 年訂定新舊版物權修正草案有不同見解，亦為本章所需探討者。

---

❶　參閱 85 年 10 月 15 日 85 年度上字第 1287 號裁判，《臺灣高等法院民事裁判書彙編》，85 年，第 2 期，第 2 冊，頁 915–921。

❷　王澤鑑，《民法物權(1)——通則、所有權》，86 年 9 月，頁 127。

貳、添附之基本特徵

民法關於添附之規定，具有某些基本特徵，此等特徵具有利用物權歸屬之規定，以實現鼓勵創造或維護經濟價值之公共政策為目的，並可解決當事人間之紛爭，再以債權上之補償方法，以實現當事人間對等正義之功能。其基本特徵分述如下：

一、所有權單一化

添附而形成之新財產，是由不同所有人之原有財產所形成者，其係兩個或兩個以上不同所有人之財產，或動產與不動產，或動產之間，或是人之有價值之勞動與動產附合在一起，所形成之新財產。其結果形成單一所有權之型態，並以此種型態繼續存在。

二、添附財產所有權之歸屬

添附財產所有權既屬單一化，則在立法技術上僅能使添附財產所有權歸屬於一人所有或由關係人共享之，惟究應由何人所有或是共有，法律雖設有明文，但此種規定與社會經濟無關，學者認為，解釋上應係任意規定，當事人得依契約自由原則，變更法律之規定，自行明示或默示約定添附財產所有權之歸屬❸。

三、添附之形成係基於一定之法律事實

添附財產所有權之形成，總是基於一定之法律事實，即能夠使所有權法律關係發生、變更與消滅之法律事實。此種法律事實就是數個不同所有人之財產或勞動成果混合在一起而無法分離。

---

❸　謝在全，《民法物權論》，上冊，修訂二版，92 年 7 月，頁 505、506。

四、添附財產所有權具有強制性質

　　添附財產所有權是強行規定。民法關於添附之規定，目的在於使添附物為社會經濟利益而繼續存在❹。當事人之間，關於回復原狀之約定，因違反強行法規定而無效。

五、關係人間利益之調和與維護

　　關於關係人間利益之調和與維護，涉及兩項問題：其一為因添附而取得添附財產所有權之當事人與因此而喪失所有權之當事人間利益之調和，法律上使添附財產所有權單一化，而歸屬於一人取得時，僅為達到維護經濟價值之法律技術，並非使取得所有權之人，獨占添附財產所有權之利益，因之，因添附而喪失所有權或喪失利益之當事人，法律上許其依不當得利之規定，請求給付償金。其二為因添附而結合之物上，如有第三人之權利存在時，依民法第八一五條之規定，動產之所有權消滅者，該動產上之其他權利，亦同消滅。此亦即添附之效果。

參、添附之法理依據

一、添附之主要內容

(一)附　合

　　所謂附合係指不同所有權人之物相結合成為一物，形成新財產。附合後之財產雖能辨明原物，但已不可分離，或者強行分離會導致該財產或損毀，或降低新物之價值或所花費用過大。民法將附合分為兩種情形均須具備一些要件：一種為附合物屬於不同之所有人，附合後能夠辨明原物；另

---

❹　按添附所形成新財產，法律上屬於可分之物。

一種為附合物已達到不可分離之程度，如要分離，則需花費很大。

附合在理論上，可分為不動產與不動產附合、動產與不動產附合、動產與動產附合三種。惟民法僅就後二者為規定，茲分述如下：

1.動產與不動產附合

民法在確認動產與不動產附合成新財產所有權歸屬時，實行動產從不動產原則。

(1)動產附合於不動產後之所有權問題

現行民法第811條規定：「動產因附合而為不動產之重要成分者，不動產所有人，取得動產所有權」。例如某人對他人房屋曾加以裝修，其所用之磚瓦塑膠板等動產，即因附合於該房屋而成為不動產之重要成分，房屋所有人即取得磚瓦等之所有權。

民法物權舊版修正草案認為，因動產附合於不動產而為其重要成分者，固應由不動產所有人取得動產所有權。但基於一定權利依法得使用該不動產者，例如基於地上權、農用權、典權或其他法律特別規定所生者，事所恆有，此種情形，即不適用關於附合之規定，始為公允，修正草案第811條乃增訂但書規定：「但基於一定權利得使用該不動產者，不適用之」❺。惟95年新版修正草案，卻又將上述但書刪除，恢復現行民法第811條規定，可惜在其修正說明中，未見其刪除之理由。

(2)動產附合於不動產後之償金問題

動產附合於不動產，動產之所有權即由不動產所有人取得，動產原所有人之所有權即歸喪失。但動產原所有人可依民法第816條規定：「因前五條之規定，喪失權利而受損害者，得依關於不當得利之規定，請求償金。」即得依不當得利之規定，請求償金。

民法物權舊版修正草案第816條，因舊版修正草案增訂第814條之1，其並無喪失權利而受損害之情形，現行用語「前五條應配合修正」，又現行

---

❺ 此部分之修正與說明，新舊兩次版略有不同。參閱法務部，《民法物權部分條文修正草案》，第811條但書修正說明，88年3月，頁107、108。法務部，《民法物權部分條文修正草案》，95年5月，頁30。

條文「償金」一詞，用語概括，易滋疑義，為明確計，爰參酌民法第182條規定❻，將「償金」修正為：「償還其價額或賠償其損害」。使善意受領人在利益尚存時，對受害人返還其價額，利益已不存在時，免負返還之義務；惡意受領人於利益尚存時，返還其價額，利益不存在時，或返還其價額，或負損害賠償之責任。又此處所稱之「損害」，係不當得利之特別賠償規定，而非侵權行為之損害賠償，毋庸具備侵權行為之要件，乃屬當然。因此，第816條修正規定為：「第811條至第814條及前條之規定，喪失權利而受損害者，得依關於不當得利之規定，請求償還其價額或賠償其損害」❼。

　　民法物權新版修正草案第816條修正規定為：「因前五條之規定而受損害者，得依關於不當得利之規定，請求償還價額」。其修正說明認為，本條原規定主體為「喪失權利而受損害者」，其規範意旨，在於指出不當得利請求權之權利主體。惟依民法第179條規定，不當得利請求權之權利主體，為「受損害之他人」（受損人）。解釋上，只要「受損害」即可，不以「喪失權利」為必要。蓋不當得利法上之「損害」概念，範圍相當廣泛，除喪失權利外，尚包括單純提供勞務、支出費用或權益歸屬之侵害等。且「喪失權利」等文字，未盡概括完整，其固然可以說明因附合、混合而喪失動產所有權或該動產上其他權利之情形，但無法涵蓋因加工單純提供勞務而受損害之情形。為求精確，爰刪除「喪失權利」等文字。又本條規範意義有二，一為宣示不當得利請求權，縱使財產上損益變動係依法（例如第811條至第815條規定）而發生，仍屬無法律上原因。其二係指明此本質上為不當得利，故本法第179條至第183條均在準用之列❽，僅特別排除第181

---

❻　參閱民法第182條規定：「不當得利之受領人，不知無法律上之原因，而其所受之利益已不存在者，免負返還或償還價額之責任。受領人於受領時，知無法律上之原因或其後知之者，應將受領時所得之利益，或知無法律上之原因時所現存之利益，附加利息，一併償還；如有損害，並應賠償」。

❼　法務部，《民法物權部分條文修正草案》，第816條修正說明，88年3月，頁109、110。

❽　按民法第179條係有關：「不當得利之效力」規定，民法第180條係有關：「不得請求返還之不當得利」規定，民法第181條係有關：「不當得利返還標的物」

條關於不當得利返還客體規定之適用。故因添附而受損害者，依關於不當得利之規定請求因添附而受利益者返還其所受之利益時，僅得適用民法第181條但書規定請求「償還價額」，不能適用同條本文規定，請求返還「利益原形」，以貫徹添附制度重新分配添附物所有權歸屬、使所有權單一化、禁止添附物再行分割之立法意旨。為求明確，現行條文後段請求「價金」一語，修正為「價額」。又添附行為如該當侵權行為之要件，自有侵權行為損害賠償請求權之適用，乃屬當然，併予指明❾。

(3)實務上之問題

實務上認為，按非主物之成分，常助主物之效用，而同屬一人者，為從物；主物之處分，及於從物，民法第68條第1項、第2項分別定有明文，故在查封時已成為不動產之從物者，該從物亦在拍賣範圍內，執行法院應予一併鑑價拍賣。又動產因附合而為不動產之重要成分者，不動產所有人取得動產所有權，民法第811條亦有明文規定，故主建物附加之增建物如無獨立出入口，不能為獨立使用者，應屬主建物之附屬物而為主建物之一部分，可併就該增建物為執行，執行法院亦應予一併鑑價拍賣❿。

再按民法第811條規定：「動產因附合而為不動產之重要成分者，不動產所有人，取得動產所有權」，此之重要成分，係指兩物結合後，非經毀損或變更其物之性質，不能分離者而言，且此種結合以非暫時性為必要，即須具有固定性及繼續性，則該動產因與不動產結合，已喪失獨立性，在社會經濟觀念上認為兩者已變為一物，因而使不動產之所有人取得動產所有權。故電梯與大樓之結合關係，應不具有固定性及繼續性，並無民法第811條有關附合規定之適用，例如某甲主張系爭電梯因附合於新竹市光復路一段建物，而由某乙及其他共有人取得所有權，並有足以排除被告強制執行之權利云云，在法律實務上，並不足採信⓫。

規定，民法第183條係有關：「不當得利第三人之返還責任」規定。

❾　法務部，《民法物權部分條文修正草案》，第816條修正說明，95年5月，頁31。

❿　參閱94年3月24日最高法院94年度臺抗字第250號裁定。

2.動產與動產附合

　　動產與動產附合後形成合成物。民法第 812 條第 1 項規定:「動產與他人之動產附合,非毀損不能分離,或分離需費過鉅者,各動產所有人,按其動產附合時之價值,共有合成物」。但兩種動產中,一為主物,一為從物時,依民法第 812 條第 2 項:「前項附合之動產,有可視為主物者,該主物所有人,取得合成物之所有權。」之規定,附合後之動產,有可視為主物者,該主物所有人取得合成物之所有權。新財產歸主物所有人所有。從物所有人可依民法第 816 條規定,取得與其所有物價值相當之補償。

(二)混　合

　　所謂混合係指數個不同所有人之動產混雜合併在一起,對原物已經不能識別,且難以分離,從而形成新之財產。由混合而成之物,稱為混合物。混合與附合之不同處在於,附合僅發生在動產之間;對原物已不能識別,或僅能識別,但難以分離,則為混合。

　　民法對混合物所有權歸屬,採按價值大小定歸屬之原則。民法第 813 條規定:「動產與他人之動產混合,不能識別,或識別需費過鉅者,準用前條之規定。」換言之,由各該動產所有人,按其動產混合時之價值,共有混合物。惟混合之動產,有可視為主物者,該主物所有人,取得混合物之所有權。

　　蓋探求動產與他人之動產混合之立法目的,旨在鼓勵經濟價值之創造,以避免回復原狀,維護社會之經濟,民法規定添附物之所有權歸由當事人中一人取得,純係基於法律技術上之便宜措施,已如前述。

(三)加　工

　　所謂加工是指一方使用他人之動產加工改造,附加上自己有價值之勞動,形成具有更高價值之新財產,新財產稱為加工物。加工須具備幾個要

⓫　90 年 8 月 31 日臺灣新竹地方法院 90 年度訴字第 331 號判決,《臺灣新竹地方法院民事裁判書彙編》,90 年版,全一冊,頁 211–217。

件：加工對象必須是他人所有之財物；所加工之財物，必須是動產；加工人必須附加自己有價值之勞動；由於加工使之成為新財產。民法從保護財產所有權出發，對加工而成之新財產，一般難認原財產所有人所有。故民法第 814 條規定：「加工於他人之動產者，其加工物之所有權，屬於材料所有人。但因加工所增之價值顯逾材料之價值者，其加工物之所有權屬於加工人」。

又如涉及動產擔保交易時，實務上認為，信託占有之效用，在以原供信託之動產標的物所有權為信託人債權之擔保，而受託人則依信託收據而占有處分標的物。則信託占有之擔保效力，當係源於信託標的物之所有權而發生，該標的物如有加工、附合或混合之情形，其擔保效力依動產擔保交易法第 4 條之 1：「動產擔保交易之標的物，有加工、附合或混合之情形者，其擔保債權之效力，及於加工物、附合物或混合物但以原有價值為限。」之規定，既及於加工物、附合物或混合物，該等動產之所有權即仍為信託人所有 ❷。

在此，應注意動產擔保交易法新修正草案 ❸ 第 5 條第 2 項規定：「債權人依本法規定實行占有或取回動產擔保交易標的物時，善意留置權人就動產擔保交易標的物有修繕、加工致其價值增加所支出之費用，於所增加之價值範圍內，優先於依本法成立在先之動產擔保權利受償。」問題。

二、添附之處理原則

㈠因添附而受利益外，尚須具備不當得利之要件

按民法第 816 條規定：「因前五條之規定，喪失權利而受損害者，得依關於不當得利之規定，請求償金。」該條係一闡釋性之條文，旨在揭櫫依同法第 811 條至第 815 條規定因添附喪失權利而受損害者，仍得依不當得利

---

❷ 參閱 76 年 6 月 18 日 76 年度臺上字第 1230 號判決，《最高法院民刑事裁判選輯》，第 8 卷，第 2 期，頁 203。

❸ 94 年行政院送請第六屆立法院審議動產擔保交易法法案草案之規定。

之法則向受利益者請求償金，故該條所謂「依不當得利之規定，請求償金」，係指法律構成要件之準用。易言之，此項償金請求權之成立，除因添附而受利益致他人受損害外，尚須具備不當得利之一般構成要件始有其適用。

㈡償金計算之準據時點，以該受益者受利益之時為準

按民法第 816 條所謂之「償金」，應以受損人因添附喪失其所有權時，該動產之客觀價值計算之，是償金計算之準據時點自以該受益者受利益之時為準❶❹。

三、添附之法律效果

添附所產生之法律效果，除上述確定新物之所有權外，尚有如下：

㈠因附合、混合、加工而使動產所有權消滅者，依民法第 815 條規定，該動產上之其他權利，同時消滅。

㈡喪失權利而受損害者，依民法第 816 條規定，得依關於不當得利之規定，請求賠償金。

四、添附之草案增訂新規定

㈠舊版物權修正草案

惡意添附人之權利是否受保障，民法第 811 條至第 814 條未設排除規定。惟學者間有認為依惡意當事人不受法律保護之原則，宜設特別規定加以排除，參考瑞士民法第 726 條第 2 項，亦有相同之規定，舊版物權修正草案乃仿該立法例，增訂第 814 條之 1 規定：「第 812 條至第 814 條之規定，於惡意之附合、混合、加工者，不得取得其所有權或為其共有人」。

又第 811 條動產之惡意附合人，本應由不動產所有人取得動產所有權，不待於第 814 條之 1 中另設明文規定；如不動產所有人惡意將他人之動產附合於其不動產，而令動產所有人取得不動產所有權，亦非公允，故未明

---

❶❹　參閱最高法院 88 年度臺上字第 419 號民事判決。

定列入本條排除之列。

　　另因舊版物權修正草案增訂第 814 條之 1，其並不發生動產物權變動之效果，故民法第 815 條現行用語「前四條」應配合修正為「第 811 條至 814 條」，第 815 條條文爰修正為：「依第 811 條至 814 條之規定，動產之所有權消滅者，該動產上之其他權利，亦同消滅。」再因前述增訂第 814 條之 1，其並無喪失權利而受損害之情形，第 816 條現行用語「前五條」應配合修正為「第 811 條至 814 條及前條」，修正後條文內容前已述及，不再贅述。

㈡ 95 年新版物權修正草案

　　新版修正草案除刪除民法第 814 條之 1 有關：「惡意添附人之權利」規定之增訂條文外，其第 816 條條文後段並改為：「請求返還其價額」。因此，新版修正草案第 816 條又變成規定為：「因前五條之規定而受損害者，得依關於不當得利之規定，請求償還價額」。詳細修法說明前亦已述及。

肆、案例探討

事　實

　　某甲誤取某乙之肥料施於某丙之土地。問某乙是否得依不當得利之規定向某丙請求償金❺？

---

❺　參閱 81 年 11 月 6 日司法院 (81) 廳民一字第 18571 號，座談機關：臺灣高等法院，《民事法律問題研究彙編》，第 8 輯，頁 96–98。

解 析

據上述案例事實，發生所謂直接損益變動關係，亦即係指其受利益直接自受損人之財產而非經由第三人之財產，某甲誤取某乙之肥料時，該肥料之所有權仍屬於某乙，依民法第 811 條規定，某丙因肥料附合成為土地之重要成分而取得肥料所有權，直接自某乙受利益，某乙依民法第 816 條規定，得依不當得利規定，向某丙請求償金 ❶❻。

何況，我民法第 179 條規定「無法律上之原因而受利益，致他人受損害者，應返還其利益。……」之解釋，宜僅須其受益係他人受損害而來，或無受有利益，他人即無損害。即應認為有因果關係，不必限於直接因果關係。

又按動產因附合為不動產之重要成分者，不動產所有人固可取得動產所有權，惟因而喪失權利受有損害者，依民法第 811 條以及第 816 條規定，應得依關於不當得利之規定，請求償金。

題示情形，某丙因某乙肥料附合其土地而取得所有權，某乙因附合喪失對肥料權利而受之損害，依上開規定，自得向因此而受益之某丙依不當得利之規定請求償金。

伍、結 語

動產附合於不動產，而歸不動產所有人取得動產所有權者，須以動產因附合而成為不動產之重要成分為要件，所謂成為不動產之重要成分，係指此種結合具有固定性、繼續性，而未成為另一獨立之定著物而言 ❶❼。

又現今社會朝向精細分工，於產生加工階段，原料或半成品之提供廠商多欲以原料為擔保方式向資金提供者融資，但因民法規定，加工取得所

---

❶❻ 參閱王澤鑑，《民法債編總論》，第 2 冊，不當得利，頁 38。

❶❼ 最高法院 86 年度臺上字第 723 號裁判。

有權為原始取得，被加工之物其上面之所有權利及義務因加工而消滅，如此對原料之擔保權人極為不利，因此產生所有權保留延長之制度。因加工所有權為強行規定，為利於放款授信並保障所有權保留者之擔保利益，所有權保留延長至加工成品賣出後之金額請求權上。例如我國動產擔保交易法第 4 條之 1 規定：「動產擔保交易之標的物，有加工、附合或混合之情形者，其擔保債權之效力，及於加工物、附合物或混合物但以原有價值為限。」似可解決問題。

第 十 章

不占有之動產擔保

Ownership of the
Personal Property

壹、概　說

　　傳統民法之抵押概念由於非常重視交易安全，強調動產登記公示方式之不充分性，故嚴格將抵押標的物限於不動產，動產僅能設立移轉占有之質權。然而，隨著動產地位日益提高，且受英美法之衝擊，乃在民法之外，用特別法方式規定動產抵押，並在動產抵押標的物範圍作嚴格之限制。

　　事實上，由於現代工商業發達，企業主所擁有之動產，例如機器設備或電腦儀器等，價值頗高。一方面，企業主需利用其動產從事生產，或經營業務；另一方面，企業主常需融通資金。如以其動產提供擔保，則依民法規定，其僅能設定動產質權，必須將其動產移轉占有給質權人，在此情況下，該企業主勢必無法從事生產或經營業務。因此，不占有之動產擔保乃應運而生，亦即將擔保權與占有權分離。如此，則企業主可於設定擔保後，繼續使用收益該動產。

　　基此，我國民國 54 年動產擔保交易法之立法，本師自美國動產抵押法、統一附條件買賣法、以及統一信託收據法，此與大陸法之傳統物權觀念，有相當大之差異，如忽視立法之精神與要旨，以大陸法傳統之物權觀念詮釋英美法之規定，將會格格不入，發生誤會。以企業主以其所有動產抵押為例，依動產擔保交易法第 18 條規定，如債務人到期仍不履行契約時，抵押權人得逕行占有抵押物，乃基於美國法之法定所有權 (Legal title) 作用，與大陸法上之抵押權，係純擔保作用，兩者完全不同。

　　本章即在探討動產抵押、附條件買賣、信託占有等三種不占有之動產擔保交易。雖然該法公布已久，且僅於民國 65 年 1 月 28 日總統修正公布第 16 條、第 38 條至第 40 條，並增訂第 4 條之 1 條條文，其餘未變。或許目前已不敷使用，然在該法未經修正前，仍有探討之必要。

　　由於本章與第五章「動產之善意取得」為完全不同之概念，動產擔保交易經登記後，排除民法上「動產善意取得」之適用，故將之列入本書探

討，以資周延。

貳、動產抵押

一、定 義

我國動產抵押係仿自美國法之動產抵押 (Chattel Mortgages) 之意義，依動產擔保交易法第 15 條規定：「稱動產抵押者，謂抵押權人對債務人或第三人不移轉占有而就供擔保債權人之動產設定動產抵押權，於債務人不履行契約時，抵押權人得占有抵押物，並得出賣，就其賣得價金優先於其他債權而受清償之交易」。

二、特 色

我國動產抵押，有如下之特色：

㈠我國動產抵押原則上適用動產擔保交易法，依動產擔保交易法第 3 條規定，動產擔保交易法無規定者，適用民法及其他法律之規定。

㈡動產抵押之標的物固為民法第 67 條之動產，依動產擔保交易法第 4 條第 1 項規定，原則上限於「機器、設備、工具、原料、半製品、成品、車輛、農林漁牧產品、牲畜及總噸位未滿二十噸之動力船舶或未滿五十噸之非動力船舶」以及動產擔保交易法第 4 條之 1 規定之「加工物、附合物或混合物」，均得為動產擔保交易之標的物。其詳細各類標的物之品名，第 4 條第 2 項規定由行政院視事實需要及交易性質以命令定之。動產擔保交易法施行細則第 2 條乃規定：「凡得為動產擔保交易標的物之品名，規定如附表。」因此，各類標的物以行政院依該條訂定公告之「動產擔保交易物品類表」所列之動產為限。

蓋標的物經加工、附合或混合後，擔保債權效力所及之範圍如何，宜作原則性規定。乃參照民法第 812 條、第 813 條及第 814 條暨美國動產擔

保交易法等修正例，增訂動產擔保交易法第 4 條之 1：「動產擔保交易之標的物，有加工、附合或混合之情形者，其擔保債權之效力，及於加工物、附合物或混合物但以原有價值為限。」以使經設定擔保之動產，其債務人仍得充分享有使用收益之權，以增加擔保交易標的物之價值，兼謀有效確保債權人之債權❶，又供擔保之加工物、附合物或混合物以原有價值為限，可兼顧債務人之權益。

㈢依動產擔保交易法成立之交易，依該法第 5 條規定：「應以書面訂立契約。非經登記，不得對抗善意第三人。」因此，屬要式行為，應以書面訂立契約，並視其為動產抵押、附條件買賣或信託占有，分別依該法第 16 條、第 27 條、第 33 條規定載明其應記載之事項；惟該動產擔保交易之「登記」，既係採登記對抗要件，則其未為登記者，僅不得對抗善意第三人❷。

㈣動產抵押之債權與物權擔保契約，即主契約與從契約必須同時訂定，為複合契約，且均需以書面訂定，即依動產擔保交易法第 16 條有關「契約應載事項」之規定，均為要式契約。

㈤動產先行出租後再依動產擔保交易法辦理動產抵押登記時，則其出租之法律關係成立於設定動產抵押權之前，與動產擔保交易法第 17 條第 1 項規定無涉，無不發生抵觸與否問題，且亦非屬動產擔保交易法施行細則第 11 條第 4 項所規定之情形。依動產擔保交易法第 3 條「動產擔保交易，依本法之規定，本法無規定者，適用民法及其他法律之規定」意旨，租賃權與動產抵押權可並存而不悖，承租人並仍受民法第 426 條之保障，抵押權人得依間接占有或聲請法院扣押後拍賣之方式行使權利❸。

㈥在抵押中讓與抵押物，即所謂抵押權之追及效力問題，依動產擔保交易法第 5 條、第 17 條第 1 項之「抵押物被出賣，致有害於抵押權之行使

---

❶ 65 年 1 月 28 日增訂動產擔保交易法第 4 條之 1 立法理由。

❷ 臺灣桃園地方法院 87 年度壢簡字第 488 號，88 年 1 月 25 日，《臺灣桃園地方法院刑事裁判書彙編》，第 1 冊，88 年版，頁 407–411。

❸ 財政部臺財錢字第 20594 號，64 年 10 月 17 日，《金融業務法規輯要》，下冊，79 年 3 月版，頁 1245。

者，抵押權人得占有抵押物。」及第 2 項之「前項之債務人或第三人拒絕交付抵押物時，抵押權人得聲請法院假扣押，如經登記之契約載明應逕受強制執行者，得依該契約聲請法院強制執行之。」等規定，動產抵押雖亦有追及效力，惟依動產擔保交易法第 25 條規定，如未經登記，則不得對抗依法留置標的物之善意留置權人。然而，涉及動產抵押與留置權優先原則問題，學者認為有再檢討之必要❹，本文亦贊同。

再者，如動產擔保交易之債務人，意圖不法之利益，將標的物遷移、出賣、出質、移轉、抵押或為其他處分，致生損害於債權人者，依動產擔保交易法第 38 條規定，成立處分標的物罪；動產擔保交易之債務人或第三人，故意使標的物減少或毀損，致生損害於債權人者，依動產擔保交易法第 39 條規定，成立減少或毀損標的物罪。

㈦抵押之實行，依動產擔保交易法第 17 條至第 22 條之規定，可自行為之。實務上，亦可聲請法院執行。換言之，動產抵押權實帶有所有權作用之擔保物權。

三、實務上

動產擔保交易法第 15 條規定之動產抵押，係以「不移轉占有」之方式所設定之抵押權，則不以「移轉占有」為其特徵。依動產擔保交易法第 5 條規定，動產擔保交易應以書面訂立契約，非經登記不得對抗善意第三人。正因為不移轉占有，故法律創設以登記為對抗效力，足見動產抵押與民法質權之要件並不相同，自不能類推民法第 886 條規定之適用。又參照海商法創設船舶抵押，通說即謂不得再適用民法有關動產質權之規定，亦可參佐。另動產擔保交易法施行細則第 6 條規定，登記時，應具備之證件包括標的物之所有權證明文件或使用執照者，其文件或執照並應由債務人出具切結書擔保標的物具有完整之所有權。足見設定動產抵押並非以占有動產為表徵，第三人僅憑債務人之切結書等文件設定動產抵押，如有違約情事，

---

❹ 李佳玲，〈動產擔保交易法施行四十年之檢證──兼論車輛擔保實務〉，臺大法學碩士論文，93 年 1 月，頁 56。

白應依切結書所載向債務人請求損害賠償，而不應類推適用而使第三人善意取得動產抵押權。系爭車輛既係他人偽造證件資料冒名移轉登記及設定抵押貸款，且某甲及台北銀行就系爭車輛並未曾占有，依前揭說明，自無第三人善意取得動產抵押權之適用。按土地法所為之登記，有絕對效力，固為土地法第 43 條所明定，然其適用者僅為不動產，不及動產。而汽車為動產，其過戶登記及抵押設定登記所依據之法源道路交通安全規則及動產擔保交易法，並無如土地法第 43 條之規定❺。

又實務上認為，按動產抵押之抵押權人對債務人或第三人不移轉占有而就供擔保債權人之動產設定動產抵押權，於債務人不履行契約時，抵押權人得占有抵押物，並得出賣，就其賣得價金優先於其他債權而受清償；債務人不履行契約或抵押物被遷移、出賣、出質、移轉或受其他處分，致有害於抵押權之行使者，抵押權人得占有抵押物。前項之債務人或第三人拒絕交付抵押物時，抵押權人得聲請法院假扣押。如經登記之契約載明應逕受強制執行者，得依該契約聲請法院強制執行之。此為動產擔保交易法第 15 條及第 17 條之所明定。另又動產抵押契約倘依法登記後，依該法第 5 條之規定，具有對抗善意第三人之效力，第三人縱善意受讓抵押物，抵押權人亦得追及抵押物之所在而取回占有抵押物❻。

參、附條件買賣

一、定　義

動產擔保交易法之附條件買賣 (Conditional Sale) 亦係參酌美國過去之統一附條件買賣法 (Uniform Conditional Sale) 而定。依動產擔保交易法第 26 條規定：「稱附條件買賣者，謂買受人先占有動產之標的物，約定至支

---

❺　《臺灣高等法院民事裁判書彙編》，92 年版，92 年 12 月 16 日，頁 1098-1114。

❻　最高法院 94 年度臺上字第 1393 號民事判決。

付一部或全部價金，或完成特定條件時，始取得標的物所有權之交易」。按我國民法屬大陸法系，對於債權行為與物權行為具有明顯之區別，其成立彼此非必一致。

二、特　色

我國附條件買賣，有如下之特色❼：

㈠附條件買賣原則上適用動產擔保交易法，依動產擔保交易法第 3 條規定，動產擔保交易法無規定者，適用民法及其他法律之規定。

㈡附條件買賣之標的物亦以動產擔保交易法第 4 條第 1 項規定，第 4 條之 1 以及行政院依動產擔保交易法施行細則第 2 條訂定公告之「動產擔保交易物品類表」所列之動產為限。

㈢附條件買賣為要物及要式契約，且契約內容，依動產擔保交易法第 5 條後段、第 26 條、第 27 條規定，應以書面訂立契約，且非經登記者，不得對抗善意第三人。

㈣附條件買賣為買賣與擔保複合之契約，附條件買賣出賣人所保留之所有權，與一般所有權有別，乃具有所有權與擔保權雙重性質之功能，於債務人違反契約時，出賣人得依所有權之作用取回標的物，但必須實行擔保程序，予以拍賣或變賣，優先清償債權，如有剩餘，依動產擔保交易法第 28 條、第 29 條、第 30 條、第 17 至 22 條等規定，應返還於債務人。

㈤附條件買賣，出賣人交付標的物，買受人僅得先為占有、使用、收益，尚不得取得所有權。換言之，附條件買賣，係以一定條件之成就，為其取得標的物所有權之停止條件。

㈥附條件買賣契約如經登記，其所保留之所有權，依動產擔保交易法第 5 條之規定，得排除第三人之善意取得，用以加強動產擔保之功能。蓋以出賣人所保留之所有權，實係帶有擔保作用之所有權，規定其排除善意取得，俾能具有追及效力，為以其經登記者為限，以求平衡。

---

❼　王廷懋，《動產擔保交易法實務問題研究》，金融人員研究訓練中心，80 年 8 月，初版，頁 14、15。

㈦附條件買賣之推行，使廣大民眾能先消費，後付款，生活獲得改善，並可促進工商業繁榮，惟其發展則有賴於買受人之信用。故對於買受人之違約情節較重者，課以刑責，以保障出賣人之權益，並依動產擔保交易法第 38 條、第 39 條之規定，維護附條件買賣制度之運行。

肆、信託占有

一、定　義

所謂信託占有 (Possession in Trust)，係起源於商業習慣，尤其盛行於國際貿易上。我國信託占有亦係仿自美國法之統一信託收據法 (Uniform Trust Receipt Act)❽ 之意義，依動產擔保交易法第 32 條規定：「稱信託占有者，謂信託人供給受託人資金或信用，並以原供信託之動產標的物所有權為債權之擔保，而受託人依信託收據占有處分標的物之交易」。

二、特　色

我國信託占有，有如下之特色：

㈠信託占有，亦原則上適用動產擔保交易法，依動產擔保交易法第 3 條規定，動產擔保交易法無規定者，適用民法及其他法律之規定。

㈡信託占有之標的物，亦以動產擔保交易法第 4 條第 1 項規定，第 4 條之 1 以及行政院依動產擔保交易法施行細則第 2 條訂定公告之「動產擔保交易物品類表」所列之動產為限。

㈢信託占有，亦為要物及要式契約，必須交互標的物，並依動產擔保交易法第 5 條規定，應以書面訂立契約，始能成立，且非經為登記者，不得對抗善意第三人，排除民法上「動產善意取得」之適用。

---

❽　財團法人金融人員研究訓練中心，《動產擔保交易法裁判解釋法令規章彙編》，80 年元月，四版，頁 93。

㈣信託占有係債權與擔保物權同時成立之複合契約，其所保留之所有權，具有所有權與擔保物權之雙重性質與功能，於債務人違約時，信託人得依所有權之作用，逕取回標的物，然必須依動產擔保交易法第 34 條、第 37 條之規定，實行擔保程序，予以拍賣，清償債權，如有剩餘，應返還於受託人。

㈤信託占有之信託人為債權人，受託人為債務人。信託人保留以標的物之所有權作為擔保，而標的物為受託人所占有，如經登記，可排除第三人之善意取得。

㈥在信託占有，法律對於受託人違約時，依動產擔保交易法第 38 條、第 39 條之規定，有刑罰之處罰。

三、實務上

信託占有之效用，在以原供信託之動產標的物所有權為信託人債權之擔保，而受託人則依信託收據而占有處分標的物，此觀動產擔保交易法第 32 條之規定自明。則信託占有之擔保效力，當係源於信託標的物之所有權而發生，該標的物如有加工、附合或混合之情形，其擔保效力依同法第 4 條之 1 規定，既及於加工物、附合物或混合物，該等動產之所有權即仍為信託人所有 [9]，又依該第 4 條之 1 但書規定，以原有價值為限。

又實務上認為，信託占有之效力，在於以動產所有權為信託人債權之擔保，而受託人則依信託收據而占有處分該動產。故某甲倘不能證明某乙已依信託收據之約定取回占有信託標的物，或該標的物之滅失應歸責於某乙,某乙請求某甲連帶清償系爭債務,是否不應准許,即非無研求之餘地 [10]。

---

[9]　最高法院 76 年度臺上字第 1230 號判決。
[10]　最高法院 85 年度臺上字第 2230 號判決。

伍、動產擔保交易法 94 年版修正草案

一、修正要點

94 年行政院送請第六屆立法院審議法案，其修正要點如次：

㈠定明債權人與善意留置權人之優先權順位。

㈡刪除有效區域之規定。

㈢新增登記申請案件之補正規定。

㈣增訂登記有效期間延長時，登記機關應併通知標的物所有人。

㈤刪除按日給付遲延金五十元之規定。

㈥修正最高限額抵押權相關規定。

㈦修正動產擔保交易契約應載明事項。

㈧刪除工礦財團抵押權之處理規定。

㈨刪除第五章罰則規定。

二、修正內容與說明

修正內容與本章相關者為動產擔保交易法第 5 條之修正以及刪除第 25 條之規定，茲分述如下：

㈠動產擔保交易法第 5 條修正為：「動產擔保交易，應以書面訂立契約。非經登記，不得對抗善意第三人。債權人依本法規定實行占有或取回動產擔保交易標的物時，善意留置權人就動產擔保交易標的物有修繕、加工致其價值增加所支出之費用，於所增加之價值範圍內，優先於依本法成立在先之動產擔保權利受償。」

㈡該第 5 條立法理由認為，按善意留置權人僅於現行條文第 25 條規定動產抵押權人不得對抗之，而未包括附條件買賣等交易。為兼及擔保交易一體適用，爰刪除現行條文第 25 條，並於總則章增訂善意留置權人之優先

權順位，規定就動產擔保交易標的物有修繕、加工致其價值增加所支出之費用，於所增加之價值範圍內有優先受償之權❶。

㈢動產擔保交易法為民事特別法，本質上為債權債務關係，如以刑事責任相繩，將模糊其原有私法上之面貌。為促使債權人於放款前，確實評估債務人之還款能力及信用，及避免訴訟資源之浪費，動產擔保交易法修正草案乃刪除第五章章名及現行條文第 38 條至第 40 條罰則規定。

陸、結　語

由於我國民法以大陸法系為本，而動產擔保交易法卻繼受美國法之若干法律概念，例如有關「動產物權變動之公示原則」、「所有權分為形式所有權與實質所有權」、「擔保權為從權利原則」、「所有權與擔保權內涵劃分」等概念，導致發生解釋適用上之困難或混亂。

另一方面，美國在 1952 年之前分別規定之「美國統一動產抵押法」、「美國統一附條件買賣法」、「美國統一信託收據法」後，制訂有「美國統一商法典」(U.C.C.)❷，在第九章以統一之「擔保利益」代替上述三個單行法❸。二十世紀六七十年代，該法被重新修訂，只有占有或登記 (filing) 才算完善 (perfect) 從而具有對抗效力。而登記，既可登記擔保協議，亦可登記金融報告。

我國動產擔保交易法之立法，雖於民國 65 年增訂規定，及加重刑罰，對於經濟發展迅速之工商社會而言，漸已不敷因應當前市場所需，且該法本

---

❶　行政院送請第六屆立法院審議法案第 5 條修正說明，94 年。

❷　吳光明，〈從美國 U.C.C. 第九章之 Secured Transactions 看讓與擔保〉，《中興法學》，第 33 期，81 年 4 月，頁 343。

❸　吳光明，〈我國動產讓與擔保制度之研究，美德兩國與我國現行制度之探討〉，臺大法學博士論文，81 年，頁 209。

身即存在一些天生之缺陷，如不同法系制度理念間之衝突，不同法系間利益平衡之考慮等，期盼本次 94 年之修正草案能解決過去若干爭議及疑慮。

第 十 一 章

動產之共有

Ownership of the
Personal Property

壹、概說

　　所謂共有，係指數人對同一之物有一個所有權之狀態。共有並非一種獨立類型之所有權，其與所有權即「一物一權主義」亦不相矛盾。

　　成立共有關係，必須具備兩個條件，第一條件，即必須有多數所有人，如僅為一人，則為單獨所有。另一條件，必須共有一個所有權。

　　依我國民法規定，發生動產共有之原因有二種：一為基於當事人之意思，例如二人約定共同買一部機器；另一為基於法律之規定，例如數人共同繼承一筆動產，而未辦理分割。

　　一般言之，共有依其形式之不同，可分為三種型態，亦即總有、共有、合有等三種，茲分述如下：

(一)總有

　　總有是團體色彩最濃厚之一種共同所有權型態，其係多數人結合之一種共同體，此以日耳曼法村落共同體為典型。在該共同體中，所有權之管理權能，歸屬於該團體。每一村民僅享有其所受分配部分之收益權能，而此種權能不能獨立，且不能轉讓於他人。村民如離開該團體，即自然喪失其收益權能。此種所有之型態，在近代所有權發生前，較為普遍存在。

(二)共有

　　共有是羅馬法上共同所有之型態，在此種型態中，共同所有人對於所有物均享有管理權能與收益權能，並且可處分其應有部分。如欲終止共同所有，經由協議分割，可變為單獨所有。

　　此種共有型態，個人色彩較濃，在強調個人主義之近世，各國民法均採之。我國民法將一般共有原則，詳細規定於物權編中，與德國、法國不同❶。

(三)合有

合有係介於總有與共有間之一種財產所有型態。共同所有人對於所有物有管理權能與收益權能，在共同期間，並無應有部分可言，亦不得請求分割。此種合有，在我國民法中，稱為公同共有。公同共有源於德國古代法。

一般而言，德國之共有大多規定於債編各論，於物權僅有第 1008 至第 1011 條等四條條文，公同共有則規定於合夥、共同繼承、夫妻共同財產等❷。我國民法「分別共有」規定於第 817 條至第 826 條，「公同共有」則以專章規定於第 827 條至第 830 條。足見，我國民法物權有關共有之規定，顯然與德國不同。

本章「動產之共有」，係以「動產」為探討之範圍，而為論述。首先，說明分別共有之意義，包括分別共有人之權利、義務、共有物之分割。其次，探討公同共有之意義，包括公同共有人之權利、義務、公同共有物之分割、公同共有關係之消滅、所得物與共有物證書之保管，並提出實務上相關判決。再次，本章亦探討 88 年與 94 年兩次民法物權修正草案之規定及其立法理由；最後，則提出檢討與建議。

貳、分別共有

一、分別共有之意義

依民法第 817 條第 1 項規定，分別共有者，乃數人按其應有部分，對於一物共同享有所有權之狀態。而此享有權利之人，稱為共有人。所謂應

---

❶ 德國將一般財產共有之原則規定於債編中，而僅將關於物之共有，規定於於物權編；法國則不設共有規定。

❷ 古振暉，〈共同所有之研究〉，國立中正大學法學博士論文，94 年 12 月，頁 282。

有部分，是各共有人對於該所有權，在份量上應享有之部分。換言之，亦即各分別共有人行使權利範圍之比例。應有部分係抽象存在於共有物任何一部分，並非具體侷限於共有物之特定部分。因此，應有部分之權能、性質、效力等，行使時不得不受其他共有人應有部分之限制。

在分別共有中，各共有人分量多少，原則上係依當事人之意思或法律之規定而定，如各共有人之應有部分不明者，則依民法第 817 條第 2 項規定，推定其為均等。

實務上認為，民法第 817 條、第 818 條規定僅係就共有之意義及共有人行使其使用收益權，應按其應有部分而為行使，此觀各該規定自明。換言之，如共有人超越其權利範圍而為使用收益時，上揭民法第 817 條、第 818 條規定，並未賦予其他共有人得逕依該規定，向未按應有部分行使權利之人請求返還或分配所收取之利益❸。

二、應有部分之意義

所謂應有部分係指共有人對共有物所有權得行使權利之比例。換言之，應有部分亦即係各共有人對共有物所有權在份量上應享有之部分，通常此應有部分係以分數表示之。

由於應有部分所有權在一定比例上量之分割，其份量雖不如所有權大，但其內容、性質、效力等，均與所有權完全相同，僅其行使權利，應受應有部分之限制而已。因此，應有部分之處分，設定負擔或其所受之保障，亦均與所有權完全相同❹。

三、分別共有人之權利

分別共有人原來即係所有權人，享有一般所有權人之權利。而因其間有共有關係，且共有人間之權利情況特殊，茲分述如下：

---

❸　臺灣高雄地方法院 85 年度訴字第 1649 號判決，85 年 8 月 26 日。

❹　吳光明，《物權法新論》，新學林，95 年 8 月，頁 205。

㈠共有物之使用收益權

1.現行民法

分別共有是數人按其應有部分，對一物共同享有所有權之狀態。因此，民法第 818 條規定：「各共有人，按其應有部分，對於共有物之全部，有使用收益之權」。

實務上，共有人按其應有部分，對於共有物之全部雖有使用收益之權，惟未經共有人協議分管之共有物，共有人對共有物之特定部分使用收益，仍須徵得他共有人全體之同意，非謂共有人得對共有物之全部或一部有自由使用收益之權利，如共有人不顧他共有人之利益而就共有物之全部或一部，任意使用收益，即屬侵害他共有人之權利❺。

2.九十四年物權修正草案

修正草案認為，民法第 818 條意旨在規定共有物使用收益權能之基本分配，若共有人在此基礎上已有分管協議，法律自應尊重。縱使各共有人依該協議實際可為使用或收益之範圍超過或小於應有部分，亦屬契約自由範圍。至其效力是否拘束應有部分之受讓人，則應依修正條文第 826 條之 1 而定。物權修正草案乃仿修正條文第 820 條第 1 項文字加以明定為：「各共有人，除契約另有另有約定外，按其應有部分，對於共有物之全部，有使用收益之權」❻。

㈡應有部分之處分權

民法第 819 條第 1 項規定：「各共有人，得自由處分其應有部分」。此之所謂「自由處分」必須在法令限制範圍內，自不待言。

實務上，按民法第 819 條第 1 項所謂各共有人得自由處分其應有部分

---

❺ 最高法院 92 年度臺上字第 2027 號判決。

❻ 此部分之修正與說明，新舊兩次版並不相同，新版將原條文加入：「除契約另有另有約定外」，舊版則未修正。參閱法務部，《物權新修正草案》，第八一八條修正說明，94 年 8 月，頁 1；1999 年版，頁 110。

云云，係指分別共有，即同法第817條規定數人按其應有部分，對於一物有所有權者而言，其依同法第827條第1項基於公同關係而共有一物者，依同條第二項之規定，各公同共有人之權利，既係及於公同共有物之全部，則各該共有人自無所謂有其應有部分，從而公同共有人中之一人如無法律或契約之根據，亦未得其他公同共有人之同意，而就公同共有物為處分，自屬全部無效❼。

又各公同共有人之權利，既及於公同共有物之全部，無應有部分可言，各公同共有，尚不得按公同共有之特定比例行使權利。執行法院似乎拍賣之標的為上開土地之債務人林○○公同共有之「潛在比例」之權利，果爾，揆之首揭說明，本件之拍賣是否有效，不無疑問❽。

(三)共有物之處分權

民法第819條第2項規定：「共有物之處分、變更、及設定負擔，應得共有人全體之同意」。此處所謂之「處分」，應包括事實上之處分與法律上之處分。所謂之「同意」，不必限於以一定形式表示，有其他明確之事實，足以證明其他共有人已經明示或默示者，亦視為同意。全體明示不必限於行為時，事前同意或事後追認，均屬有效。所謂「設定負擔」，係指設定其他物權。分別共有人如未經全體分別共有人之同意擅自處分、變更共有物或設定負擔時，對其他分別共有人不生效力。但在共有物為動產時，占有其物之分別共有人，即使未經全體分別共有人之同意擅自處分，讓與其物或設定質權，而受讓人或受質人善意受讓其占有時，依民法第801條、886條規定，該讓與人或受質人仍取得其權利，其他分別共有人僅能對處分該物之分別共有人，依侵權行為或不當得利之規定，主張其權利。

分別共有人如未得其他分別共有人之同意而作事實上之處分時，應對其他分別共有人負侵權行為之賠償責任。

---

❼　最高法院37年度上字第6419號判例。

❽　臺灣高等法院87年度抗字第2017號裁定。

(四)共有物之管理權

1.現行民法

民法第 820 條第 1 項規定:「共有物,除契約另有訂定外,由共有人共同管理之」。所謂共有物之管理,指共有物之保存、利用與改良。保存行為係指以防止共有物之滅失、毀損或其他權利喪失、限制等為目的,維持其現狀之目的。該條第 2 項規定:「共有物之簡易修繕,及其他保存行為,得由各共有人單獨為之」。對共有物之改良,依該條第 2 項規定:「非經共有人過半數,並其應有部分合計已過半數者之同意不得為之」。該條就共有物之利用,未特設規定。所謂共有物之利用,係指以滿足分別共有人共同需要為目的,不見更共有物之性質,加以利用,而生孳息之行為。

2.物權修正草案

修正草案認為,為促使共有物有效利用,立法例上就有共有物之管理,已傾向依多數決為之[9],故仿多數立法例,修正草案將第 820 條第 1 項修正為:「共有物之管理,除契約另有約定外,非經共有人過半數,並經其應有部份合計過半數者之同意,不得為之。但其應有部份合計已逾三分之二者,其人數不予計算」。

依修正草案第 820 條第 1 項規定,得由多數共有人決定共有物之管理,惟如不能獲得法定多數共有人同意時,即無從決定其管理,爰參考外國立法例[10],修正草案第 820 條增訂第 2 項,明定由法院定其管理,並賦予任何共有人聲請法院定其管理之權。此項管理之決定,並非對於實體上權利爭執之判斷,為求程序簡捷,宜依非訟事件程序以裁定定之,無庸依民事訴訟判決程序行之。至於管理係採用輪流管理或其他適當方法,則由法院視具體狀況斟酌情形定之。

---

[9] 如瑞士民法第 647 條之 1、第 647 條之 2、日本民法第 252 條、義大利民法第 1105 條、第 1106 條、第 1108 條、奧國民法第 833 條、德國民法第 745 條規定。

[10] 德國民法第 745 條第 2 項、義大利民法第 1105 條第 4 項規定。

　　共有人經多數決對共有物所定之管理，對少數不同意之共有人顯失公平時，不同意之共有人得聲請法院以裁定變更該管理，俾多數決之濫用並保障全體共有人之權益，修正草案第 820 條乃增訂第 3 項規定:「依第一項規定，由多數共有人之管理顯失公平者，不同意之共有人得聲請法院以裁定變更之」。

　　對共有物原定之管理，嗣因情事變更致難以繼續時，任何共有人均得聲請法院變更之，俾符實際，修正草案第 820 條乃增訂第 4 項規定:「前三項所定之管理，因情事變更難以繼續時，法院得因任何共有人之聲請，以裁定變更之」。

　　共有人依多數決定共有物之管理，如使不同意之共有人受有損害，為保護其權益，修正草案第 820 條乃增訂第 5 項規定:「由多數依第一項規定同意管理時，有故意或重大過失致生損害時不同意之共有人者，同意之共有人應負連帶賠償責任」。

　　又第一項規定之「管理」，為上位概括規定，已可包括現行條文第 3 項之下位概念「改良」在內，故現行條文第二項規定已無實益，修正草案乃予刪除❶。

(五)對第三人之請求權

　　民法第 821 條第 1 項規定:「各共有人對於第三人，得就共有物之全部為本於所有權之請求。但回復共有物之請求，僅得為共有人全體之利益為之」。此所謂「本於所有權之請求」，指民法第 767 條規定規定之物上請求權。所謂「利益」，指法律上之利益。

　　又實務上，各共有人對於第三人，得就共有物之全部為本於所有權之請求，但回復共有物之請求，僅得為共有人全體之利益為之，民法第 821 條定有明文。倘共有人中之一人起訴時，在聲明中請求應將共有物返還於共有人全體，即係為共有人全體利益請求，無須表明全體共有人之姓名❷。

---

❶　此部分之修正與說明，新舊兩次版均相同。參閱法務部，《物權新修正草案》，第 820 條修正說明，94 年 8 月，頁 1、2; 1999 年版，頁 111、112。

四、分別共有人之義務

民法第 822 條規定：「共有物之管理費，及其他擔負，除契約另有訂定外，應由各共有人，按其應有部分分擔之。共有人中之一人，就共有物之擔負為支付，而逾其所應分擔之部分者，對於其他共有人，得按其各應分擔之部分，請求償還」。例如某甲百分之六十與某乙百分之四十，二人共同買受 BMW 車輛一部，然後並出租於第三人某丙，現因該出租車輛因損害必須修理，其修理費為新台幣十萬元，則按照某甲應有部分百分之六十與某乙應有部分百分之四十之比例，某甲應負擔六萬元，某乙應負擔四萬元，故如某甲已支付十萬元，則可向某乙請求償還四萬元。

又本條原用「擔負」一語，應配合前後文義，修正民法第 822 條將之修正為「負擔」。此外，契約乃當事人互相表示意思一致之法律行為，現行條文中之「除契約另有訂定外」一語宜修正為「除契約另有約定外」，以期明確。

五、共有物之分割

共有物之分割為消滅共有之原因之一。分別共有原則上，依民法第 823 條第 1 項規定：「各共有人，得隨時請求分割共有物」。但依該條但書規定：「因物之使用目的不能分割或契約訂有不分割之期限者，不在此限」。足見民法對分別共有人之分割有二種限制：第一、因物之使用目的不能分割，例如，共有物為一全力之行使所不可或缺者，即屬不能分割。第二、契約訂有不分割之期限者，但此期限不宜過長。依民法第 823 條第 2 項規定：「前項契約所定不分割之期限，不得逾五年。逾五年者，縮短為五年」。

---

❷ 最高法院 84 年度臺上字第 339 號判例。本則判例於民國 88 年 8 月 10 日經最高法院 88 年度第 6 次民事庭會議決議通過，並於民國 88 年 9 月 10 日由最高法院依據最高法院判例選編及變更實施要點第九點規以 (88) 臺資字第 00563 號公告之。資料來源，參閱法源資訊系統。

(一)隨時請求分割

原則上，現行第 1 項規定各共有人雖得隨時請求分割共有物，惟如法令另有規定者自當從其規定。為期周延，民法物權修正草案第 823 條第 1 項乃增列「除法令另有規定外」之除外規定。

至於共有人間雖訂有禁止分割期限之契約，但在該期限內如有重大事由，可否仍得隨時請求分割，不無疑問。而現行法尚無明文規定，易滋疑義❸，新舊民法修正草案處理方法各有不同，茲分述如下：

1.在動產與不動產方面並未區分，而於民法物權舊修正草案第 823 條於第 2 項增列但書規定：「但有重大事由者，仍得隨時請求分割」，以期明確❹。

2.在不動產方面，由於不動產利用恆須長期規劃且達一定經濟規模，始能發揮其效益，若共有人間就共有之不動產已有管理之協議時，該不動產之用益已能圓滑進行，共有制度無效率之問題足可避免，是法律對共有人此項契約自由及財產權之安排，自應允分尊重，民法物權舊修正草案第 823 條於第 2 項增列但書規定，放寬約定不分割期限至三十年❺。

(二)約定分割之方法

依民法第 824 條規定：「共有物之分割，依共有人協議之方法行之。分割之方法，不能協議決定者，法院得因任何共有人之聲請，命為左列之分配：(1)以原物分配於各共有人。(2)變賣共有物，以價金分配於各共有人。

---

❸　參考外國立法例，如德國民法第 749 條第 2 項、義大利第 1101 條第 3 項，仍有准許當事人得隨時請求分割之規定。

❹　此部分之修正與說明，在動產方面，新舊兩次版均相同，只是新版將舊版第 2 項改成第 3 項而已。參閱法務部，《物權新修正草案》，第 823 條修正說明，94 年 8 月，頁 3；1999 年版，頁 114。

❺　參照瑞士民法第 650 條第 2 項規定。另參閱法務部，《物權新修正草案》，第 823 條修正說明，94 年 8 月，頁 4。雖此部分與本章主題無關，但為能使法律體系一致，仍予以引用之。

以原物為分配時，如共有人中，有不能按其應有部分受分配者，得以金錢補償之」。依照該條規定，對分別共有物之分割方法，有兩種：亦即協議分割與裁判分割❶。

　　然而，分割共有物之效力，參照第 824 條之 2 第 1 項及第 825 條規定，係採移轉主義，理論上共有物分割時，應有部分之抵押權或質權仍存在於原應有部分上。但為避免法律關係轉趨複雜，並保護其他共有人之權益，民法物權修正草案第 824 條之 1 乃另增訂第 2 項，明定應有部分之抵押權人或質權人同意分割者，其權利移存於抵押人或出質人所分得之部分。但當事人另有約定者，從其約定。

　　又此所謂「所分得之部分」，除指所分得之原物部分外，參照本法第 824 條之 1 第 1 項第 2 款規定，並包括所分得價金或其他分得之物❶。

(三)物權修正條文所解決之問題

1.民法物權舊修正草案

　　民法物權修正草案第 824 條之 1 第 1 項為現行條文第 824 條第 2 項移列並加以修正。裁判分割之原因，除共有人不能協議決定外，實務上認為共有人訂立之協議分割契約，其履行請求權倘已罹於消滅時效，共有人並有為拒絕給付之抗辯者，共有人得請求法院判決分割❶。為期周延，民法物權修正草案第 824 條之 1 條第 1 項乃於前文，增訂「或於協議決定後因消滅時效完成經共有人拒絕履行者」之規定。

　　又現行條文規定之裁判上共有物分割方法，過於簡單，致社會之經濟或共有人個人利益，常無以兼顧，實務上亦頗為所苦，為解決上述問題，將裁判上之分割方法修正❶為「原物分配顯有困難時，得變賣共有物，以

---

❶　有關分割共有物之請求權是否為形成權問題，參閱陳榮傳，〈共有物分割請求權是否為形成權?〉載於蘇永欽，《民法物權爭議問題研究》，五南圖書，88 年 1 月，頁 219–232。

❶　例如同條第 4 項情形下，所分得之應有部分。

❶　參照最高法院 69 年度第 8 次民事庭會議決議。

價金分配於各共有人；或以原物之一部分分配於各共有人，他部分變賣，以價金分配於各共有人」。

民法物權修正草案第 824 條之 1 第 2 項為現行條文第 824 條第 3 項移列。為配合前項第 1 款關於分割方法之修正，本項亦予修正。以原物分配於部分共有人，未受分配之共有人得以金錢補償之，始為平允。至於按其應有部分受分配者，如依原物之數量暗其應有部分之比例分配，價值顯不相當者，實務上認為，自應依其價值按其應有部分比例分配[20]。

為顧及公共利益或共有人之利益，賦予法院裁量權，民法物權修正草案第 824 條之 1 乃於第 3 項增列以原物為分配時，法院經斟酌公共利益及共有人之利益，得就共有物之一部，仍維持共有。

至於民法修正草案第 824 條之 1 第 4 項規定，共有之相鄰土地所涉及之「合併分割」等問題，涉及不動產之共有，不在本章討論之範圍。

此外，共有物分割之效力，究採認定主義或移轉主義，學者間每有爭論，鑑於第 825 條之立法精神，民法修正草案第 824 條之 2 乃增列第 1 項，明定本法採移轉主義，即共有物分割後，共有人取分得部分單獨所有權，其效力係向後發生而非溯及既往。

又本條所謂「效力發生時」，在協議分割，如分割者為動產，係指於交付時。至於裁判分割，則指在分割之形成判決確定時。

2.民法物權新修正草案

共有物變價分割之裁判係賦予各共有人變賣共有物，分配價金之權利，與強制執行法上債務人因金錢債務，其財產被拍賣之情形不同。故於變價分配之執行程序，為使共有人仍能繼續其投資規劃，維持共有物之經濟效益，並兼顧共有人對共有物之特殊感情，物權新修正草案乃於第 824 條之 1 第 6 項明定：「變賣共有物時，共有人有依相同條件共同或單獨優先承買之權利」[21]。

---

[19]　參照德國民法第 753 條第 1 項、日本民法第 258 條第 2 項及瑞士民法第 651 條第 2 項等立法例。

[20]　參照最高法院 63 年度臺上字第 2680 號判例。

㈣分割共有物之效力

分割共有物之效力，因採移轉主義，故應有部分原有抵押權或質權者，於裁判分割時，其權利仍存在於該應有部分上。但權利人於上開訴訟中，有法律上之利害關係，故適用民事訴訟法有關訴訟參加之規定；權利人於參加訴訟後，就分割方法陳述之意見，法院於為裁判分割時，應予斟酌，乃屬當然。如權利人未自行參加者，於訴訟繫屬中，任何一共有人均可請求法院告知權利人參加訴訟。如其已參加訴訟，則應受該裁判之拘束。如經訴訟告知未參加者，亦不得主張本訴訟之裁判不當。民法修正草案第824條之2明定，其權利僅移存於抵押人或出質人所分得之部分，以安定法律關係並兼顧其他共有人之利益。

共有人將其應有部分抵押或出質者，嗣該共有物經裁判分割，抵押人或出質人並為受原物分配時，依前項規定，該抵押權或質權應準用第881條第1項、第2項，或第899條之規定，由抵押人或出質人所受之價金分配或金錢補償，按各抵押權人或質權人之次序分配之，其次序相同者，按債權額比例分配之，並對該價金債權或金錢債權有權利質權，俾保障抵押權人或質權人之權益，民法修正草案第824條之2乃設第3項規定：「前項但書情形，於以價金分配或金錢補償者，準用第八百八十一條第一項、第二項，或第八百九十九條第一項之規定」。

至於民法物權修正草案第824條之2第4項所涉及法定抵押權，並適用於不動產裁判分割情形，非本文所討論範圍。

而該草案第824條之2第4項法定抵押權問題與動產無關。蓋因動產，請求法院裁判分割之案例甚少，且動產質權之設定，必以占有質物為要件，如分割時，共有物由補償義務人占有，則與動產質權之精神不符。又動產有善意受讓問題，如予規定，實益不大，故本項不規定適用範圍及於動產。

實務上，有二案例與共有物分割之方法有關，值得參考：

　1.共有物分割之方法，須先就原物分配，如發見共有人中有不能按其

---

❷　法務部，《物權新修正草案》，第823條修正說明，94年8月，頁6。

應有部分受分配者，亦得以金錢補償之。於原物分配有困難時，始得予以變賣，以價金分配於各共有人。又訴訟行為須支出費用者，審判長得定期命當事人預納之。當事人不預納者，法院得不為該行為。但其不預納費用致訴訟無從進行，經定期通知他造墊支亦不為墊支時，視為合意停止訴訟程序❷。

2.有關裁判分割共有物，應考量公平性、實用性、利益均等性等原則❸。

㈤分割共有物後互負擔保責任

分割共有物後，各分別共有人互負擔保責任，各共有人，對於他共有人因分割而得之物，民法第825條規定：「按其應有部分，負與出賣人同一之擔保責任」。擔保責任範圍包括權利之瑕疵擔保與物之瑕疵擔保。所謂「權利瑕疵擔保」，即各所有人分得之物，被第三人追奪時，他共有人應負之擔保責任；所謂「物之瑕疵擔保」，即指各共有人在分得該物上，發現在分割前已有瑕疵，他共有人應負擔保責任。擔保責任之內容有請求減少價金、損害賠償、解除契約，但理論上，解除契約應僅適用於協議分割。

共有物分割後，關於分割之證書，應妥為保存。關於各分割人應保存其所得物之證書。民法第826條規定：「共有物分割後，各分割人應保存其所得物之證書。共有物之證書，歸取得最大部分之人保存之，無取得最大部分者，由分割人協議定之，不能協議決定者，得聲請法院指定之。各分割人，得請求使用他分割人所保存之證書」。

又共有物之管理或協議分割契約，實務上認為對於應有部分之受讓人仍繼續存在❹。使用、禁止分割之約定或依法所為之決定，係指本法修正條文第820條第1項情形，亦應做相同之解釋。

而上述契約、約定或決定之性質屬債權行為，基於債之相對性原對第三人不生效力，惟為保持原約定或決定之安定性，特賦予物權效力❺。

---

❷　最高法院93年度臺上字第1100號判決。

❸　最高法院93年度臺上字第962號判決。

❹　最高法院48年度臺上字第1065號判例。

至於經由法院依第 820 第 2 項、第 3 項、第 4 項裁定所定之管理,屬非訟事件,其裁定效力是否及於受讓人,尚有爭議❷,且該非訟事件裁定之公示性與判決及登記不同,故宜明定該裁定所定之管理亦經登記後,對於應有部分之受讓人或取得物權之人始具有效力。民法修正草案第 826 條之 1 乃增訂第 1 項規定,以杜爭議,並期周延。此部分涉及不動產,亦非本文所討論範圍。

此外,共有人間關於前項共有物使用、管理等行為之約定、決定或法院之裁定,在動產無登記制度,法律上又保護善意受讓人,故以受讓人等於受讓或取得時知悉或可得而知其情事者為限,始對之發生法律上之效力,方為持平,物權修正草案第 826 條之 1 乃增訂第 2 項規定:「動產共有人間關於前項之約定、決定,或法院所為之裁定,對應有部分之受讓人或取得物權之人,以受讓人或取得時知悉其情事或可得而之者為限,亦具有效力」。

又前二項情形,於共有物應有部分讓與時,受讓人對讓與人就共有物使用、管理所生之債務,應負連帶清償責任,此乃該債務具物權效力之當然結果。惟為免爭議,俾使之明確,故以明文規範,修正草案第 826 條之 1 乃增訂第 3 項規定:「前二項情形,於共有物應有部分讓與時,受讓人對讓與人就共有物使用、管理所生之債務,應負連帶清償責任」。

又所積欠之債務雖明定由讓與人與受讓人連帶負清償責任,惟其既係前共有人(讓與人)應單獨負責之事由,則於受讓人清償後,自得依第 280 條但書規定向前共有人求償,乃屬當然,不待明文❷。

---

❷ 司法院釋字第 349 號解釋,並仿外國立法例,於不動產為上述約定或決定經登記後,即對應有部分之受讓人或取得物權之人,具有效力,參閱德國民法第 740 條、第 1010 條第一項,瑞士民法第 649 條之 1、第 647 條第 1 項規定。不過,此部分涉及不動產,非本文所討論範圍。

❷ 最高法院 67 年度臺上字第 4046 號判例。

❷ 此部分之修正與說明,新舊兩次版均相同。參閱法務部,《物權新修正草案》,第 826 條之 1 修正說明,94 年 8 月,頁 11、12;1999 年版,頁 127、128。

參、公同共有

一、公同共有之意義

依民法第 827 條第 1 項規定：「依法律規定或依契約，成一公同關係之數人，基於其公同關係，而共有一物者，為公同共有人」。故公同共有者，乃係依法律規定或依契約，成一公同關係之數人，基於其公同關係，而共有一物。條文「依法律規定之公同共有」，例如民法第 668 條合夥人間之公同共有，民法第 1151 條共同繼承人間之公同共有等是。各公同關係人，稱為公同共有人。

二、公同關係人之權利義務

(一)現行民法

民法第 827 條第 2 項規定：「各公同共有人之權利，及於公同共有物之全部」。公同關係人之權利義務，依民法第 828 條第 1 項規定：「依其公同關係所由規定之法律或契約定之。」至於公同共有物之處分及其他權利之行使，條該第 2 項規定：「除前項之法律或契約另有規定外，公同共有物之處分，及其他之權利行使，應得公同共有人全體之同意」。

(二)民法物權修正草案

公同關係之成立，學者通說及實務上，均認為非以法律規定或契約約定者為限，依單獨行為成立者所在多有，為期周延，民法物權修正草案第 827 條乃將第 1 項「契約」修正為「法律行為」，以符實際。

依法律行為而成立之公同關係，其範圍不宜過廣，為避免誤解為依法律行為得任意成立公同關係。民法物權修正草案第 827 條乃增訂第 2 項規

定：「前項依法律行為而成立之公同關係，以有法律規定或習慣者為限」。

又為配合前條之修正，本條第 1 項爰將「契約」修正為「法律行為或習慣」，並做文字整理❷。

三、共有物之管理

關於共有物之管理、共有人對第三人之權利、共有物使用、分割或禁止分割之約定對繼受人之效力等規定，不惟適用於分別共有之情形，其於公同共有亦十分重要，且關係密切，為期周延，民法物權修正草案第 828 條乃增訂第 2 項規定：「第八百二十條、第八百二十一條及第八百二十六條之一之規定，於公同關係準用之」。

此所謂「準用」，係指於性質不相牴觸者，始可準用。其範圍如何，宜由學說、判例運作。此外，第一項既已規定公同共有人權利義務之依據，現行條文第 2 項「或契約另有規定」已無規定必要，乃予刪除，並移列為第 3 項。又本項所謂「法律另有規定」之意義，就法條適用順序而言，應先適用本條第 1 項，其次依第 2 項規定，最後方適用本項所定應得公同共有人全體同意之方式❷。

實務上，如事實上無法得公同共有人全體之同意，固得由事實上無法得其同意之公同共有人以外之其他公同共有人單獨或共同起訴，行使公同共有物之權利。惟所謂「事實上無法得公同共有人之同意」，係指在一般情形下，有此事實存在，依客觀判斷，不能得其同意而言，如公同共有人間利害關係相反，或所在不明等屬之❸。

---

❷　此部分之修正與說明，新舊兩次版均相同。參閱法務部，《物權新修正草案》，第 827 條修正說明，94 年 8 月，頁 12；1999 年版，頁 129。

❷　此部分之修正與說明，新舊兩次版均相同。參閱法務部，《物權新修正草案》，第 828 條修正說明，94 年 8 月，頁 13；1999 年版，頁 130。

❸　最高法院 89 年度臺上字第 1934 號以及 91 年度臺上字第 996 號判決。

四、公同共有物之分割

依民法第 829 條規定:「公同關係存續中,各公同共有人,不得請求分割其公同共有物」。但在共同繼承之遺產,由於民法第 1151 條:「繼承人有數人時,在分割遺產前,各繼承人對於遺產全部為公同共有」以及民法第 1164 條:「繼承人得隨時請求分割遺產。但法律另有規定或契約另有訂定者,不在此限」之規定,故各繼承人得隨時請求分割。

再依民法第 830 條規定:「公同共有之關係,自公同關係終止,或因公同共有物之讓與而消滅。公同共有物分割之方法,除法律另有規定外,應依關於共有物分割之規定」。換言之,公同共有物之分割方法亦可分為協議分割與裁判分割。條文所謂「法律另有規定」,例如合夥關係解散後之合夥財產之分割,依民法第 697 條、第 698 條、第 699 條規定分割;夫妻共同財產制關係消滅之共同財產,依民法第 1040 條規定分割等是。又因公同共有物之分割而體並如訴訟,為共同訴訟之一種。

五、公同共有關係之消滅

公同共有之關係,依上述民法第 830 條規定,自公同關係終止,或因公同共有物之讓與而消滅。換言之,公同共有物消滅之原因有二:

㈠公同關係終止

蓋公同共有係基於為公同關係而發生,故在此公同關係終止時,公同共有關係,自應隨之而消滅。例如解散合夥關係,解除婚姻等是。

㈡公同共有物之讓與

公同共有,係基於其公同關係而共有一物,故如公同共有物讓與於他人或公同共有人中之一人時,其公同共有關係,自因之而消滅。

又由於共有物分割之效力,即修正條文第 824 條之 2 至第 826 條之規定,於公同共有物之分割,亦有準用必要。現行條文第二項僅規定公同共

有物分割之方法，應依關於共有物分割之規定，未將分割效力，併予準用，有欠周延。物權修正草案第 830 條乃修正為公同共有物之分割，於性質不相牴觸之情形下，均可準用關於共有物分割之規定，俾共有物分割之效力，亦得準用**③**。

肆、準共有

準共有，係指數人分別共有或公同共有所有權以外之財產權，準用分別共有所有權與公同共有所有權之規定。故民法第 831 條第 1 項規定：「本節規定，於所有權以外之財產權，由數人共有或公同共有者準用之」。

此之所謂「所有權以外之財產權」，不以物權為限，債權、準物權、智慧財產權等均屬之。而究竟準用何種共有之規定，需依據原來之共有關係而定，準共有之財產權，限於該財產權之法律，無特別規定之情形。

伍、案例分析

事　實

某甲、某乙、某丙等三人共同創作一電腦程式，惟未約定對於著作權之比例，嗣該電腦程式被丁非法重製，致某甲、某乙、某丙損失三百萬元。試問某甲單獨對丁起訴，請求丁賠償其三百萬元，應否准許？

---

③　此部分之修正與說明，新舊兩次版均相同。參閱法務部，《物權新修正草案》，第 830 條修正說明，94 年 8 月，頁 13；1999 年版，頁 131。

 解　析

實務上認為，某甲僅能於一百萬元範圍內准許之❸。茲將其理由說明如下：

1.著作權法第 9 條第 1 項前段規定：「二人以上共同完成之著作，其各人之創作，不能分離利用者，為共同著作」，再依著作權法 36 條第 1 項規定：「著作財產權得全部或部分讓與他人或與他人共有。」❸惟著作權法對著作權共有人間，如何共有著作權，則未有規定，故依民法分別共有之觀念類似，於著作權法未有規定時，應準用民法分別共有之規定。

2.再觀之著作權法第 40 條第 1 項規定：「共同著作各著作人之應有部分，依共同著作人間之約定定之；無約定者，依各著作人參與創作之程度定之。各著作人參與創作之程度不明時，推定為均等。」本件甲、乙、丙既未約定權利比例，依分別共有之法理，並參考外國立法例，應認甲、乙、丙之著作權比例為各二分之一。

3.因此，某甲非請求全體共有人所受之損害，依共有比例計算，甲所受損害為一百萬元，僅能於此範圍內准許之。

4.再者，某甲所為金錢的損害賠償之訴，性質上既非本於所有權之請求，應無民法第 821 條之適用。因此，實務上亦認為，著作權人損害賠償之請求權，係屬可分之債權甚明。故某甲僅能於其應有權利之比例一百萬元之範圍內為准許。

---

❸　司法院第九期司法業務研究會，75 年 10 月 13 日，《民事法律專題研究⑷》，頁 467-472。

❸　著作權法制定於民國 17 年 5 月 14 日，歷經多次修正，最近一次修正於民國 95 年 5 月 30 日。

陸、結語

由於社會生活之實際需求，二人以上同時共享一物所有權之狀態，非常普遍，此既不違反一物一權主義，又顯然為人類社會所必須，故共有物之存在與規範，是法治社會所需面對之基本問題。我國依瑞士立法例，就共有物僅採取分別共有與公同共有二種型態，另對於所有權以外之財產權，採「準共有」之立法方式，雖然簡明而單純，實則用於複雜之社會，仍有不足。歷來法院判決以及前後兩次民法修正草案，亦僅解決部份問題，其他有關如「互有」問題，則有賴特別法予以補充規定。

在不動產之共有方面，我國自古以農立國，我國社會大眾普遍重視房舍田產；家族色彩又特別濃厚，親戚鄰里關係緊密；而共有人之所以成為共有人，許多皆源於親族或鄰里，故國人對於財產之共有或分割，於法制之外，總難免更須兼顧一些人情義理。此在動產之共有方面，我國已進入科技發達之工商社會，亦何嘗不是如此。

在動產方面，共有物之使用、收益、管理或分割，亦涉及諸多共有人之權益甚或生計。因此，共有物之分割，依共有人協議之方法行之。分割之方法，不能協議決定者，法院雖得因任何共有人之聲請，命為分配，然法院在認定是否有「因物之使用目的不能分割」情事時，固應審慎為之，即使在命「以原物分配於各共有人」，或「變賣共有物，以價金分配於各共有人」之情況，亦應針對共有物之性質、經濟效益及全體共有人之利益，多所斟酌，並應符合公平原則與社會利益。

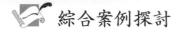

附　錄

 綜合案例探討

事實一、偷走鑽戒並出售

　　某甲於搬家時，將其舊沙發拋棄，被某乙撿取之，某乙發現該沙發中藏有一個六克拉之鑽戒。某日，某乙之住宅被某丙潛入，某丙並偷走該鑽戒，並以二十五萬元將該鑽戒出售予知情之某丁。某乙於事發一個月後查知此事，試問：

　1. 甲乙丙丁間之法律關係為何？

　2. 如某丁為善意時，其法律關係有何不同？

 解析 1

　　依上開題例，當事人間主要之法律關係為：甲得對乙主張何種權利，乙得對丙主張何種權利，乙得對丁主張何種權利。茲先將基本法律關係說明如下：

　　某甲將其舊沙發拋棄，依民法第 764 條規定：「物權，除法律另有規定外，因拋棄而消滅。」則某甲舊沙發所有權消滅。

　　某乙檢取舊沙發，依民法第 802 條規定：「以所有之意思，占有無主之動產者，取得其所有權。」則某乙取得舊沙發之所有權。某乙在該沙發中，發現藏有一個六克拉之鑽戒，依民法第 808 條規定：「發見埋藏物而占有者，取得其所有權。但埋藏物係在他人所有之動產或不動產中發見者，該動產或不動產之所有人與發見人，各取得埋藏物之半。」因某甲拋棄其舊沙發，對舊沙發已無所有權，故無本條但書之適用；則某乙取得六克拉之鑽戒之所有權。

某丙偷走某乙之鑽戒，某乙本可依民法第 767 條前段：「所有人對於無權占有或侵奪其所有物者，得請求返還之。」之所有物返還請求權之規定，請求某丙返還。以及依民法第 184 條第 1 項前段規定：「因故意或過失，不法侵害他人之權利者，負損害賠償責任。」向某丙請求返還該鑽戒之所有權。

某丙將偷得鑽戒出售，依民法第 118 條第 1 項規定：「無權利人就權利標的物所為之處分，經有權利人之承認始生效力。」則某丙出售鑽戒未經有權利人某乙之承認，其出售鑽戒屬於無權處分。

 解析 2

一、某丁為惡意時之法律關係

(一)某乙對某丁得主張之權利

某乙得對某丁主張所有物返還請求權。依題意，某乙撿取舊沙發，依民法第 802 條規定，某乙取得舊沙發所有權。某乙在該沙發中，發現藏有一個六克拉之鑽戒，依民法第 808 條前段之規定某乙取得六克拉之鑽戒之所有權。

某丁自某丙受讓該鑽戒之所有權，某丙為無權處分，某丁係惡意，無善意取得之適用，不能取得其所有權。因此，某乙得依民法第 767 條前段：「所有人對於無權占有或侵奪其所有物者，得請求返還之。」之有關所有物返還請求權之規定，向某丁請求返還。

(二)某乙對某丙得主張之權利

1.某乙可依民法第 184 條第 1 項前段：「因故意或過失，不法侵害他人之權利者，負損害賠償責任。」規定，對某丙主張損害賠償請求權。

2.某乙亦可類推適用民法第 177 條前段之「管理事務不合於前條之規定時，本人仍得享有因管理所得之利益」規定，亦即對於管理事務不合於民法第 176 條前段之「管理事務，利於本人，並不違反本人明示或可得推

知之意思者」規定時，本人仍得享有因管理所得之利益，因此，某乙得對某丙主張二十五萬元之利益。

3.某乙亦可依民法第 179 條前段：「無法律上之原因而受利益，致他人受損害者，應返還其利益。」規定，主張某丙應返還其基於買賣契約受有價金二十五萬元之不當利益。

二、某丁為善意時之法律關係

(一)某乙於兩年內向某丁請求回復其物

某乙可於兩年內依民法第 949 條規定：「占有物如係盜贓或遺失物，其被害人或遺失人，自被盜或遺失之時起，二年以內，得向占有人請求回復其物。」向某丁請求回復其物。

另依民法第 349 條：「出賣人應擔保第三人就買賣之標的物，對於買受人不得主張任何權利。」某丙未履行本項權利瑕疵擔保之義務，某丁善意買受該鑽戒所支出之價金，得依民法第 353 條之「出賣人不履行第 349 條之義務者，買受人得依關於債務不履行之規定，行使其權利」之規定向某丙行使其權利。

(二)某乙有償於兩年內向某丁請求回復其物

某丙如係販賣鑽戒之商人，某丁善意並支付價金由某丙販賣鑽戒之商店買得該鑽戒，依民法第 950 條：「盜贓或遺失物，如占有人由拍賣或公共市場或由販賣與其物同種之物之商人，以善意買得者，非償還其支出之價金，不得回復其物。」之規定，某乙可於兩年內償還某丁買受該鑽戒所支出之價金，向某丁請求回復其物。

(三)某乙未於兩年內向某丁請求回復其物

依民法第 801 條規定：「動產之受讓人占有動產，而受關於占有規定之保護者，縱讓與人無移轉所有權之權利，受讓人仍取得其所有權。」以及民

法第 948 條規定:「以動產所有權或其他物權之移轉或設定為目的,而善意受讓該動產之占有者,縱其讓與人無讓與之權利,其占有仍受法律之保護。」故某丁為善意時,有善意取得規定之適用,某丁得取得鑽戒之所有權。

事實二、偷象牙出售後雕成藝術品

某甲擁有名貴象牙,某乙盜取某甲之象牙,並以二十四萬元將該象牙出售予知情之某丙,某甲於事發一個月後查知此事,向某丙請求返還,某丙表示已請求藝術家雕成藝術品,價值高達六十萬元,並贈與某丁。試問:

1. 甲乙丙丁間之法律關係為何?

2. 如某丙為善意時,其法律關係有何不同?

 解析 1

依上開題例,當事人間主要之法律關係為:甲得對乙主張何種權利,甲得對丙主張何種權利,甲得對丁主張何種權利。茲先將基本法律關係說明如下:

某乙偷走某甲之象牙,依民法第 767 條前段:「所有人對於無權占有或侵奪其所有物者,得請求返還之。」某甲得向某乙請求返還象牙。又依民法第 184 條第 1 項前段規定:「因故意或過失,不法侵害他人之權利者,負損害賠償責任。」則某甲得向某乙請求返還該象牙之所有權。惟某乙已將偷得之象牙出售,某甲得向某乙請求損害賠償;或類推適用民法第 177 條前段之「管理事務不合於前條之規定時,本人仍得享有因管理所得之利益」享有某乙因管理所得之利益,或依民法第 179 條前段:「無法律上之原因而受利益,致他人受損害者,應返還其利益。」規定,主張某乙應返還其不當利益。

某乙將偷得之象牙出售,依民法第 118 條第 1 項規定:「無權利人就權

利標的物所為之處分，經有權利人之承認始生效力。」則某乙出售象牙未經有權利人某甲之承認，故屬於無權處分。

 解析 2

一、某丙為惡意時之法律關係

某乙將偷來之象牙，以二十四萬元將該象牙出售予知情之某丙，某乙為無權處分，某丙知情，不適用善意取得之規定。

某丙請求藝術家將象牙雕成藝術品，價值高達六十萬元，依民法第 814 條規定：「加工於他人之動產者，其加工物之所有權，屬於材料所有人。但因加工所增之價值顯逾材料之價值者，其加工物之所有權屬於加工人。」依上開題例，價值二十四萬元象牙被加工雕成價值六十萬元藝術品，其加工所增之價值顯逾材料之價值，故由某丙取得該藝術品之所有權。

某甲對某丁無不當得利請求權，雖某丙因加工取得加工物（亦即藝術品）之所有權，某乙因民法第 814 條規定，喪失象牙之所有權，某丁自某丙受贈象牙之所有權，然而，某丁之受益與某甲之受損，並非基於同一之原因事實，故某甲對某丁無不當得利請求權。

某丙雖依民法第 814 條規定取得該藝術品之所有權，但某丙並未取得象牙之所有權。依民法第 816 條：「因前五條之規定，喪失權利而受損害者，得依關於不當得利之規定，請求償金。」規定，則某甲因民法第 814 條之規定，喪失象牙所有權所受損害，得依關於不當得利之規定，向某丙請求償金。

二、某丙為善意時之法律關係

某乙將偷來之象牙，以二十四萬元將該象牙出售予不知情之某丙，則依民法第 801 條規定：「動產之受讓人占有動產，而受關於占有規定之保護者，縱讓與人無移轉所有權之權利，受讓人仍取得其所有權。」故某丙善意取得該象牙。因此，依題意，某丙係「加工」於自己之動產，不適用民法第 814 條規定，故某甲不得依不當得利之規定向某丙請求償還象牙之價額。

事實三、確認中古汽車所有權

　　某甲為經營汽車中古買賣之商人，某乙向某甲購買中古汽車，由於某乙知悉系爭車輛之登記車主為某丙，與實際占有人不符。其後，甲乙買賣雙方發生糾紛，試問：某乙是否為惡意受讓人？

 解　析

　　按動產物權以占有為公示方法，汽車過戶登記手續，並非汽車所有權移轉之法定要件，只要讓與人與受讓人間有移轉汽車之合意，並交付與受讓人，依民法第761條第1項：「動產物權之讓與，非將動產交付，不生效力。但受讓人已占有動產者，於讓與合意時，即生效力」規定，即生所有權移轉之效力。依題意，某乙買受系爭車輛時，車主雖登記為某丙，非即可推論某乙明知某丙為系爭車輛之所有權人。

　　又在一般汽車中古買賣交易習慣上，中古汽車買賣商行於收購中古汽車時，通常不會先辦理過戶，嗣後待有買主時再直接過戶與買主，以避免二次過戶之稅付及行政手續之繁雜。

　　依題意，本件某甲為經營汽車中古買賣之商人，既為兩造所不爭之事實，則一般人在中古汽車商行購買中古汽車時，在交易經驗上，自無法僅憑行車執照上之登記名義人非中古汽車商行或其負責人，即認定讓與人無讓與之權利，依照前揭說明，某乙於知悉系爭車輛之登記車主與實際占有人不符時，未進一步查詢系爭車輛之所有權歸屬，縱有過失，亦不能認某乙為惡意受讓人❶。

---

❶　臺灣基隆地方法院90年度訴字第310號民事判決，91年2月19日，《臺灣基隆地方法院民、刑事裁判書彙編》，91年版，頁17–26。

事實四、採收果實之經營契約

　　某甲為梨山地區之果樹栽培者，其雖非土地所有人，但為合法使用人，只是某甲為僅有採收果實之權利人。某甲與某乙訂立一年或數年期之經營契約，按年收一年之金額，由經營人某乙施肥看管，採收果實。事後，甲乙雙方仍發生爭執，試問此種契約，究應認係不動產租賃契約？抑應認係果實採收權利之買賣契約？

 解　析

　　某甲與某乙訂立一年或數年期之經營契約，按年收一年之金額，由經營人某乙施肥看管，採收果實。此種契約，應認係不動產租賃關係，蓋未與土地分離之果樹，為土地之構成部分，應認係就土地之成分經營、利用，而收取其山產物，自係租賃契約，應適用租賃之規定。又按租賃之特質，在契約終止時將租賃物返還於出租人。

　　雖有認為，果園之經營，實係按年支付對價，取得果實之採收權利，即就採收權利為買賣之標的，故應適用買賣規定。

　　依題意旨，本件某甲與某乙訂立一年或數年之經營契約，按年收一定之金額，由經營人施肥看管採收果實，所謂「經營契約」，其真意如係指果樹栽培者，將果樹連同土地之全部或一部，交與他人經營占有，果樹栽培者僅按年收取一定之金額，期滿始收回果園之占有時，即與租賃之性質無異。惟其真意如僅將果樹交由他人施肥看管採收果實，而保留土地或其他設施之占有者，則屬果實採收權利之買賣契約。如此，某甲與某乙所簽之契約屬果實採收權利之買賣契約。

事實五、查封拍賣迄未建造完成之房屋

　　某乙為地主，與某丙合建房屋一棟，事後因經濟不景氣，且鋼筋等材料價格上揚，某乙又因投資股票失利，乃宣告倒閉，而後某乙之債權人某甲聲請查封拍賣某乙與某丙合建之某乙之土地及應分歸地主某乙之房屋，由於該房屋迄未建造完成，試問：未建造完成之房屋究為動產抑或為不動產？某甲應如何查封拍賣未建造完成之房屋？

 解　析

　　雖有認為，未建造完成之房屋如其足以蔽風雨，具有經濟上之價值者，屬於不動產之一種，應與土地一併查封拍賣云云。

　　然實務上認為，未建造完成之房屋，尚未成為獨立之定著物，僅為材料之堆積，屬於動產之一種，故應分別基地以不動產，未建竣之房屋以動產之方法分別拍賣❷。

　　因此，依題意旨，本件建造中之房屋某甲如何聲請查封拍賣，應視房屋於查封時之實際情形而定。如已可視為獨立之定著物時，依不動產之執行程序查封拍賣；如尚不能視為獨立之定著物者，依動產之執行程序查封拍賣。惟均宜與土地一併查封拍賣。

　　如某甲依動產執行程序查封拍賣時,仍應隨時注意房屋有無繼續建築，如繼續建築已達於獨立定著物之程度時，應轉換為不動產執行程序；如繼續建築有妨礙執行效果者，應注意強制執行法第 51 條第 2 項❸「實施查封後，債務人就查封物所為移轉、設定負擔或其他有礙執行效果之行為，對

---

❷　參閱最高法院 61 年度臺上字第 1583 號、62 年度臺上字第 2735 號判決。

❸　按強制執行法定於 29 年 1 月 19 日，歷經多次修正，最後一次修於 89 年 2 月 2 日。

於債權人不生效力。」之適用。

事實六、動產抵押車輛之拍賣

　　某乙買進口汽車後，曾向抵押權人某甲設定動產抵押，事後因到期未償還該汽車貸款，試問：抵押權人某甲如何拍賣該汽車？如某乙尚積欠海關部分關稅，則由何單位通知，並如何通知海關參加分配？如何通知監理機關受理過戶移轉登記？

 解　析

　　按動產擔保交易法❹第 19 條規定：「抵押權人出賣占有抵押物，除前條第 3 項但書情形外，應於占有後三十日內，經五日以上之揭示公告，就地公開拍賣之，並應於拍賣十日前，以書面通知債務人或第三人。抵押物為可分割者，於拍賣得價足以清償債務及費用時，應即停止。債權人本人或其家屬亦得參加拍賣，買受抵押物」。

　　因之，依題意旨，本件如由抵押權人依動產擔保交易法第 19 條之規定，除有動產擔保交易法第 18 條第 3 項但書：「但抵押物有敗壞之虞，或其價值顯有減少，足以妨害抵押權人之權利，或其保管費用過鉅者，抵押權人於占有後，得立即出賣。」之情事外，某甲應於占有抵押物後三十日內，經五日以上之揭示公告，就地公開拍賣之。由於非由法院拍賣，自無從通知海關參與分配，則監理機關受理過戶移轉登記時，宜先通知海關解除禁止移轉登記，海關接獲通知時，視該車輛拍賣所得價款扣除抵押債權、利息及費用後，如有餘額，應俟海關就該餘款依法實施保全後，始同意解除禁止移轉登記，以免失去原禁止處分之效力。如無餘額，則可逕予解除禁止移轉登記❺。

---

❹　按動產擔保交易法定於 52 年 9 月 5 日，歷經多次修正，最後一次修正於 65 年 1 月 28 日。

事實七、車位出租之權利義務

　　某甲有停車場，某乙為自用小客車之車主，某甲將其停車場之車位出租予某乙之自用小客車停車，由於無從對該車本身施以正常之維護及保養，事後無法正常行駛，某乙乃拒絕交付停車之租金，因此某甲乃對某乙之自用小客車行使留置權。

　　試問：某甲與某乙間之法律關係為何？亦即某甲與某乙間契約關係究屬租賃性質？抑或有其他保管車輛之義務？如該置放停車場之自用小客車經年之貶值損失及引擎無法暢行運作，應由何人負責？

 解　析

　　按未受委任，並無義務，而為他人管理事務者，其管理應依本人明示或可得推知之意思，以有利於本人之方法為之；且管理事務利於本人，並不違反本人明示或可得推知之意思者，管理人為本人支出必要或有益之費用時，得請求本人償還其費用及自支出時起之利息；又債權人占有屬於其債務人之動產，而債權已至清償期，債權之發生與該動產有牽連之關係，及其動產非因侵權行為而占有者，於未受清償前，得留置之，民法第172條、第176條第1項、第177條及第928條定有明文。

　　因之，依題意旨，本件某甲並非系爭自用小客車之車主，而僅係提供車位予某乙之自用小客車停車，事實上無從對該車本身施以正常之維護及保養，該車能否正常行駛，與某甲停車場之提供停車位並無因果關係。

　　況如前所述，某甲與駕駛人間之契約關係屬租賃性質，並無法律上之義務保管車輛，而該置放停車場經年之貶值損失及引擎無法暢行運作，應係所有車輛之正常狀況，非關停車場之管理行為。某乙自不能主張該置放

❺　財政部關稅總局(80)臺部緝字第00946號，80年9月12日，《法務部法規諮詢意見(二)》，上冊，頁511。

停車場之自用小客車經年之貶值損失及引擎無法暢行運作,應由某甲負責。

又本件某甲可在法院提出上述有關無因管理之抗辯,以行使其防禦方法,法院可就其主張行使闡明權,使甲乙雙方之攻擊及防禦方法更行清楚,並做最明智之判決,某乙不能認為,法院已逾越闡明權之行使範圍❻。

事實八、附條件買賣車輛因毀損修繕之留置權

某甲以附條件買賣方式將車輛附條件出賣與某乙,並將載明應逕受強制執行之交易契約向登記機關登記。而後某乙因未續繳買賣價金,某甲乃向執行法院聲請取回買賣標的物之車輛。惟執行法院於強制執行時,發現該某乙之車輛因毀損而送交修車廠修繕,經營該修車廠之某丙則因債務人某乙尚未清償修繕費用,而主張對其所占有之車輛有留置權。於此情形,執行法院得否將該車輛強制取交某甲占有?

 解　析

依動產擔保交易法第 5 條:「動產擔保交易,應以書面訂立契約。非經登記,不得對抗善意第三人。」第 28 條第 1 款:「標的物所有權移轉於買受人前,買受人不依約定償還價款者,致妨害出賣人之權益者,出賣人得取回占有標的物。」第 17 條第 1 項:「債務人不履行契約或抵押物被遷移、出賣、出質、移轉或受其他處分,致有害於抵押權之行使者,抵押權人得占有抵押物。」第 2 項:「前項之債務人或第三人拒絕交付抵押物時,抵押權人得聲請法院假扣押,如經登記之契約載明應逕受強制執行者,得依該契約聲請法院強制執行之。」第 3 項:「第三人善意有償取得抵押物者,經抵押權人追蹤占有後,得向債務人或受款人請求損害賠償。」以及第 30 條:

---

❻　參閱臺灣高等法院 85 年度上字第 1092 號判決,《臺灣高等法院民事裁判書彙編》,85 年,第 2 期,第 2 冊,85 年 11 月 29 日,頁 1023–1033。

「第十七條第二項第三項，對於附條件買賣之出賣人及買受人準用之」等規定。債權人得依動產擔保交易法第 28 條第 1 款規定聲請執行法院強制取回買賣標的物，依同法第 5 條、第 30 條準用第 17 條第 2 項及第 3 項規定，依附條件買賣契約聲請執行法院逕對第三人強制執行，而第三人如係善意有償取得買賣標的物者，則僅得向債務人請求損害賠償。

至於同法第 25 條固規定：「抵押權人依本法規定實行占有抵押物時，不得對抗依法留置標的物之善意第三人。」然此並未在附條件買賣所準用之列。是以債權人以經登記並載明應逕受強制執行之附條件買賣契約為執行名義，不惟其買受人為執行債務人，即占有標的物之第三人亦為實質之執行債務人，執行法院得逕對之強制執行。

在本題情形，某甲依經登記並載明應逕受強制執行之附條件買賣契約書聲請取回買賣標的物之車輛，該執行名義之效力可直接及於修車廠某丙，則縱某丙以某乙尚未清償修繕費用而主張有留置權，亦僅得向某乙請求損害賠償，仍非能據此拒絕交付車輛。即某丙不得主張有留置權，執行法院得將該車輛強制取交債權人某甲占有❼。

 事實九、第三人善意取得動產抵押權

> 某甲平常出入住家與辦公室均駕駛一輛自用小客車，某日，某甲突接獲法院傳票，方知某乙主張善意取得該自用小客車之動產抵押權。經法院調查，該自用小客車係遭他人偽造證件資料冒名移轉登記及設定抵押貸款，且某乙及銀行就系爭車輛並未曾占有，試問：何謂第三人善意取得動產抵押權？本題之情形某乙有無第三人善意取得動產抵押權之適用？

---

❼ 臺灣高等法院暨所屬法院 94 年法律座談會，民執類提案第 1 號，94 年 11 月 25 日。

解　析

動產擔保交易法第 15 條規定：「稱動產抵押者，謂抵押權人對債務人或第三人不移轉占有而就供擔保債權人之動產設定動產抵押權，於債務人不履行契約時，抵押權人得占有抵押物，並得出賣，就其賣得價金優先於其他債權而受清償之交易。」因此，該條規定之動產抵押，係以「不移轉占有」之方式所設定之抵押權，則不以移轉占有為其特徵。依動產擔保交易法第 5 條規定：「動產擔保交易，應以書面訂立契約。非經登記，不得對抗善意第三人。」此乃因為不移轉占有，故法律創設以登記為對抗效力。

又依民法第 884 條：「稱動產質權者，謂債權人對於債務人或第三人移轉占有而供其債權擔保之動產，得就該動產賣得價金優先受償之權。」第 885 條第 1 項：「質權之設定，因供擔保之動產移轉於債權人占有而生效力。」等規定，足見動產抵押與民法質權之要件並不相同，不能類推適用民法第 886 條：「動產之受質人占有動產，而受關於占有規定之保護者，縱出質人無處分其質物之權利，受質人仍取得其質權。」之規定。又參照海商法創設船舶抵押，通說亦認為不得再適用民法有關動產質權之規定。

另依動產擔保交易法施行細則第 6 條規定❽登記時，應具備之證件包括標的物之所有權證明文件或使用執照者，其文件或執照並應由債務人出具切結書擔保標的物具有完整之所有權。足見設定動產抵押並非以占有動產為表徵，第三人憑債務人之切結書等文件設定動產抵押，如有違約情事，應依切結書所載向債務人請求損害賠償，而不應類推適用而使第三人善意取得動產抵押權。

因之，依題意旨，本件系爭車輛既係他人偽造證件資料冒名移轉登記及設定抵押貸款，且某乙及銀行就系爭車輛並未曾占有，依前揭說明，某乙自無第三人善意取得動產抵押權之適用。

按依土地法第 43 條：「依本法所為之登記，有絕對效力。」之規定所為之登記，有絕對之效力，其僅適用於不動產，不及於動產。而汽車為動產，

---

❽　參閱動產擔保交易法施行細則第 6、11 條之規定。

其過戶登記及抵押設定登記所依據之法源道路交通安全規則及動產擔保交易法，並無如土地法第 43 條之規定 ❾。

事實十、請求返還贓車

　　某甲經營當舖業，一日，某乙在某甲之當舖典當汽車，甲為其業務，乃收當其汽車。事後經查某乙係持詐欺犯罪所得之贓車到當舖典當，且經司法機關判決確定，某乙典當之汽車係贓物，原物主因而請求某甲返還贓車，試問：某甲應如何處理？

 解　析

　　按「當舖業收當物品時，應憑持當人之國民身分證或軍人身分補給證、外籍人士居留證、護照、服務機關之證件，經審慎查驗無誤時，始可收當，查驗時，並應注意證件有無偽造、變造、塗改、冒用等情事」、「當舖業收當物品中如確依本規則之規定收當，經有關機關查明係屬贓物時，其物主得以質當原本取贖。其有違反本規則之規定，所收當之物品，經查係贓物並經司法機關判決確定者，應由當舖業無償發還原物主，如在判決確定前物主已先以原本取贖者，應將原本發還」當舖業管理規則第 24 條第 1 項第 3 款、第 27 條已分別明文規定。

　　又上開規定所謂之「贓物」，應係指犯罪所得之物，除強盜、搶奪等犯罪之外，自仍應包括侵占、詐欺等犯罪所得之物，此與民法第 949 條之「盜贓」物不同，此觀其用字一為「贓物」、一為「盜贓」並不相同可知。又較之於民法第 948 條善意取得乃一般性之規定，當舖業管理規則第 27 條乃特別規定，故當舖業管理規則第 27 條之適用自應優先於民法第 948 條。

　　再者，大法官會議解釋釋字第 26 號解釋文所謂典押當業應受法律之保

---

❾　臺灣高等法院 92 年度上易字第 943 號判決。

護，自應指典當業者依相關法令收當之情形，始有受法律保護之合法性、正當性、必要性，若典當業者未依相關法令收當，甚且違反法令所課予典當業者應盡之義務而仍予收當之情形，則不得依法律有關善意取得之規定請求保護❿。

因之，依題意旨，本件所涉及者，端視某甲查驗時，是否已注意證件無偽造、變造、塗改、冒用等情事，而收當其汽車。如某甲係在不知贓車情形下，並已憑某乙之國民身分證且已注意證件無偽造、變造、塗改、冒用等情事，原物主應以原本取贖其汽車。如某甲雖係在不知贓車情形下，但查驗時未注意證件係偽造，而收當汽車，汽車經查係贓物並經司法機關判決確定者，則應由某甲將贓車無償發還原物主，如在判決確定前物主已先以原本取贖者，某甲應將原本發還。

反之，某甲係在知情下，收受贓車，恐會涉及刑法⓫第 349 條第 2 項規定之故買贓物罪，依法可處五年以下有期徒刑、拘役或科或併科一千元以下罰金。

事實十一、假扣押魚蝦果菜

　　某甲積欠某乙新臺幣三十萬元，某乙乃於取得法院裁定後，聲請執行假扣押某甲所有動產之魚蝦果菜，因該魚蝦果菜無法長期保存，而有價格減少之虞，執行法院依某乙之聲請定期拍賣，拍賣期日無人應買，執行法院乃依強制執行法第 71 條規定作價交某乙收受，但某乙表明不願收受，試問：執行法院應如何處理？

---

❿　臺灣臺中地方法院 86 年度簡上字第 235 號判決，《臺灣臺中地方法院民事裁判書彙編》，第 2 期，86 年 8 月 20 日，頁 23–28。

⓫　中華民國刑法定於 24 年 1 月 1 日，歷經多次修正，最後一次修正於 96 年 1 月 24 日。

解　析

依強制執行法第 136 條:「假扣押之執行,除本章有規定外,準用關於動產、不動產執行之規定」,復依該法第 71 條:「拍賣物無人應買時,執行法院應作價交債權人承受,債權人不願承受或依法不能承受者,應由執行法院撤銷查封,將拍賣物反還債務人。」之規定,則執行法院自應撤銷查封,將拍賣物反還某甲**⓬**。

假扣押之動產,例如炎夏時查封之魚蝦果菜之類、年節時令物品之年貨、月餅等,及易變質之藥物或化學物品等,如有價格減少之虞,或保管需費過多時,依強制執行法第 134 條:「假扣押之動產,如有價格減少之虞或保管需費過多時,執行法院得因債權人或債務人之聲請或依職權,定期拍賣,提存其賣得金。」之規定,執行法院得因債權人或債務人之聲請或依職權,定期拍賣,提存其賣得價金。

蓋假扣押之動產不適於長期保管時,宜變價保存其價金,否則發生敗壞或保管費逾越債權額之情形,對債權人及債務人皆為不利。法院依強制執行法第 134 條拍賣時,應有同法第 71 條之準用,即拍賣物無人應買時,執行處應作價交債權人收受,而提存其價金,債權人不收受時,執行法院自應撤銷假扣押查封,將拍賣物返還債務人,方符同法第 134 條之立法意旨。

雖有認為:假扣押之目的係避免債務人隱匿其財產,乃將其財產予以凍結,以保全將來之強制執行,應採否定說,否則無法達到假扣押之目的。蓋假扣押係為保全將來之執行而設,債權人之債權須待本案訴訟判決勝訴確定或取得宣告假執行之判決等之有強制執行名義後始可受償,故強制執行法第 136 條之規定,應限於執行程序或方法與保全本旨相合者始可準用關於動產、不動產執行之規定。執行法院依強制執行法第 134 條規定,將假扣押之動產予以拍賣,拍賣之結果,乃須提存其價金,而非可將價金交

⓬ 司法院 (83) 廳民二字第 17268 號,臺灣彰化地方法院,《司法院公報》,第 37 卷,第 2 期,83 年 9 月 16 日,頁 90。

付債權人。

依題意旨，拍賣物無人應買，執行處應作價交債權人收受，而提存其價金，但本件重點是，債權人某乙並不收受，執行法院自應撤銷假扣押查封，將拍賣物返還債務人某甲。

事實十二、動產因附合於不動產後被拍賣

某丙為房屋所有權人，民國 92 年間，某甲就原有房屋為改建而增建部分，但並非於原有建物外另增獨立建物，其所增建之部分，於完成加工後，所有權應歸屬於當時之系爭房屋所有權人某丙所有。由於某丙房屋被法院查封拍賣。某乙則於 95 年 2 月間，因拍賣取得系爭標的，包含增建部分，試問：某甲可否對某乙請求返還不當得利？

 解 析

依民法第 811 條規定：「動產因附合而為不動產之重要成分者，不動產所有人取得動產所有權。」依題意旨，本件系爭建物，某甲主張之增建部分，係就原有建物為改建，並非於原有建物外另增獨立建物，某甲所增建之部分，於完成加工後，依上揭民法第 811 條規定，其所有權應歸屬於當時之系爭房屋所有權人，亦即某丙所有。

某甲既主張本件增建部分係完成於 92 年間，因添附之完成即產生權利移轉變動之效果，某甲於添附完成之時即受有損害，因添附而受有利益者則為當時之房屋所有人某丙，並非某乙。某乙係於 95 年 2 月間始因拍賣取得系爭標的，包含增建部分，並支付相當之代價，其取得某甲所稱之增建部分並非因民法第 811 條之規定，而係因標買而來，非無法律上之原因而受利益，自無同法第 816 條：「因前五條之規定，喪失權利而受損害者，得

依關於不當得利之規定，請求償金。」規定之適用，某甲自不得依該條規定對某乙請求返還不當得利❸。惟某甲得依第 816 條之規定對某丙請求返還不當得利。

事實十三、動產與他人之動產混合

　　某甲因受某丙詐欺，而應允換票，並簽發自己帳戶之支票交予某丙。事後，某丙將其所持有系爭支票軋進某乙戶頭，試問：某丙是否對某甲發生不當得利？

解　析

　　按因被詐欺而為意思表示者，依民法第 92 條第 1 項前段：「因被詐欺或被脅迫而為意思表示者，表意人得撤銷其意思表示。」規定，表意人得撤銷其意思表示。但於撤銷其意思表示前，受詐欺者所為之意思表示仍屬有效。

　　依題意旨，本件某甲因受某丙詐欺而為意思表示應允換票並簽發自己帳戶之支票交予某丙，其意思表示雖有瑕疵，但在其未撤銷其意思表示前，不能認為某丙無權持有系爭軋進某乙戶頭之支票，則縱某丙利用某乙之帳戶提示委託取款，亦不生不當得利之問題。

　　按動產與他人之動產混合，不能識別或識別需費過鉅者，固得依民法第 812 條、第 813 條、第 816 條規定，由他人取得該動產之所有權，而動產之所有權消滅者，得依不當得利之規定請求償金。惟探求添附之立法目的，旨在鼓勵經濟價值之創造，以避免回復原狀，維護社會之經濟，民法規定添附物之所有權歸由當事人中一人取得，純係基於法律技術上之便宜措施，非實質上付予終局之利益❹。

❸　最高法院 87 年度臺上字第 546 號判決。
❹　臺灣高等法院 85 年度上字第 1287 號判決，《臺灣高等法院民事裁判書彙編》，第 2 期，第 2 冊，85 年 10 月 15 日，頁 915–921。

事實十四、查封一批機器之保管問題

　　債權人某甲聲請就債務人某乙公司所有之機器一批查封。執行人員到現場時發現該公司早已倒閉無人在場，且無適當之貯藏所或保管費用甚鉅，而為債權人某甲當場拒置貯藏所保管。試問：

1. 是否仍得實施查封？
2. 設查封時公司法定代理人因有事適到現場，但亦陳明拒絕保管，法院得否指定該法定代理人保管？
3. 設該批將拍賣之機器價格不易確定，而其價值較高，經法院通知鑑定機關鑑定，並經二次通知某甲向鑑定機關繳納鑑定費，某甲拒不繳納致未能鑑價，可否駁回其強制執行之聲請？

 解析 1

　　強制執行法第 47 條第 1 項規定：「查封動產，由執行人員實施占有。其將查封物交付保管者，並應依左列方法行之：一、標封。二、烙印或火漆印。三、其他足以公示查封之適當方法。」由此可知，查封動產由執行人員實施占有。執行人員實施占有後，得將查封物交付保管。因此，有認為命債權人為保管行為乃係債權人於執行程序中應為一定必要之行為，若債權人不為保管行為，既無保管人自得不為查封，亦無依第 28 條之 1 第 1 款之「債權人於執行程序中應為一定必要之行為，無正當理由而不為，經執行法院再定期限命為該行為，無正當理由逾期仍不為者。」規定，再定期命保管之必要，否則查封後至再定期命為保管，該期間只得由執行人員為保管顯不適宜。

　　另有認為，某甲雖拒保管，仍得以其係利害相關，認某甲任保管人為適當，而指定某甲為保管人予以查封，並於查封筆錄記明。至債權人雖拒出具保管收據亦不影響其保管人之義務。亦有認為，仍得指定債務人法定

代理人為保管人，蓋該機器為債務人所有，命其保管亦為適當，至對債務人法定代理人之通知不能送達時即以公示送達方式通知之。

　　然而，依題意旨，本件雖某甲當場拒置貯藏所保管，但強制執行法第47條第1項前段規定，執行法院仍得實施查封。又若認為命債權人為保管行為乃係債權人於執行程序中應為一定必要之行為，若債權人不為保管行為，依第28條之1第1款「強制執行程序如有左列情形之一，致不能進行時，執行法院得以裁定駁回其強制執行之聲請，並於裁定確定後，撤銷已為之執行處分：一、債權人於執行程序中應為一定必要之行為，無正當理由而不為，經執行法院再定期限命為該行為，無正當理由逾期仍不為者。」規定，仍須經執行法院再定期限命某甲為該保管行為，無正當理由逾期仍不為者，再由執行法院以裁定駁回某甲查封之聲請。

 解析 2

　　雖有認為，債務人公司既已倒閉，亦無人在場看管，其指定債務人法定代理人為保管人顯不適當云云。但在實務上，該機器為債務人所有，仍得命債務人之法定代理人保管。只是在執行時應注意，查封之動產，法院未指定貯藏所，亦未委託保管人保管，如債權人及債務人爭相保管時，由法院斟酌決定何人為適當之保管人。如經詢問兩次，債權人及債務人均不願保管，甚或債務人不在場，得不為查封。

 解析 3

　　雖又有認為，辦理強制執行事件應行注意事項僅止於注意事項。強制執行法既未明文規定必須為鑑價行為，即非執行程序中必要之行為，不得駁回強制執行之聲請。

　　然而，依辦理強制執行事件應行注意事項28之規定❶：「實施查封後，第三人未經執行法院允許而占有查封之動產，或第三人為其他有礙執行效

---

❶　辦理強制執行事件應行注意事項訂於69年10月21日，歷經多次修正，最後一次修正於96年1月4日。

果行為者，執行法院於必要時，得依職權排除之，並應先予排除後再行拍賣。」換言之，經執行法院認該鑑價為執行程序中必要之行為，於執行法院通知鑑定機關鑑定，並經二次通知某甲向鑑定機關繳納鑑定費，某甲拒不繳納，致鑑定機關未能鑑價，而有礙執行效果，執行法院得依前揭強制執行法第 28 條之 1 第 1 款規定駁回某甲強制執行之聲請❻。

---

❻　《民事法律專題研究 (17)》，司法院司法業務研究會第 37 期，88 年，頁 199–202。

民法物權編部分條文修正草案條文對照表（通則章及所有權章）

修　正　條　文	現　行　條　文	說　　　明
第一章　通則	第一章　通則	章名未修正。
第 757 條　物權除依法律或習慣外，不得創設。	第 757 條　物權，除本法或其他法律有規定外，不得創設。	為確保交易安全及以所有權之完全性為基礎所建立之物權體系及其特性，物權法定主義仍有維持之必要，然為免過於僵化，妨礙社會之發展，若新物權秩序法律未及補充時，自應許習慣予以填補。故習慣形成之新物權，若明確合理，無違物權法定主義存立之旨趣，能依一定之公示方法予以公示者，法律應予承認，以促進社會之經濟發展，並維護法秩序之安定，爰仿韓國民法第 185 條規定修正本條。又本條所稱之「習慣」係指具備慣行之事實及法的確信，即具有法律上效力之習慣法而言，併予指明。
第 758 條　不動產物權，依法律行為而取得、設定、喪失及變更者，非經登記，不生效力。 　　前項行為，應以書面為之。	第 758 條　不動產物權，依法律行為而取得、設定、喪失，及變更者，非經登記，不生效力。	一、現行條文未修正，改列為第 1 項。 二、不動產物權之得、喪、變更之物權行為，攸關當事人之權益至鉅，為示慎重，並便於實務上作業，自應依當事人之

		書面為之，本法第760條之現行規定「書面」，究為債權行為，或為物權行為，適用上有不同見解，特於本條增訂第2項規定，並將上述第760條刪除。又此所謂「書面」，係指具備足以表示有取得、設定、喪失或變更某特定不動產物權之物權行為之書面而言。如為契約行為，須載明雙方當事人合意之意思表示，如為單獨行為，則僅須明示當事人一方之意思表示。至以不動產物權變動為目的之債權行為者，固亦宜以書面為之，以昭慎重；惟核其性質則以於債編中規定為宜。而第166條之1第1項已明定「契約以負擔不動產物權之移轉、設定或變更之義務為標的者，應由公證人作成公證書。」併此敘明。
第759條　因繼承、強制執行、公用徵收、法院之判	第 759 條　因繼承強制執行、公用徵收或法院之	「於登記前已取得不動產物權者」，非僅限於繼承、強

決，或其他非因法律行為，於登記前已取得不動產物權者，非經登記，不得處分其物權。	判決於登記前已取得不動產物權者，非經登記，不得處分其物權。	制執行、公用徵收及法院之判決四種，其他尚有因法律之規定而取得不動產物權者，例如因除斥期間之屆滿而取得典物所有權（民法第923條第2項規定）等是，亦有因法律事實而取得不動產物權者，例如自己出資興建建築物等是。為期周延，爰增列概括規定，「其他非因法律行為」，於登記前已取得不動產物權者，非經登記，不得處分其物權。
第759條之1　不動產物權經登記者，推定登記權利人適法有此權利。 　　因信賴不動產登記之善意第三人，已依法律行為為物權變動之登記者，其變動之效力，不因原登記物權之不實而受影響。		一、本條新增。 二、「登記」與「占有」同為物權公示方法之一，民法就占有既於第943條設有權利推定效力之規定，「登記」自亦應有此種效力，爰仿德國民法第891條、瑞士民法第937條第1項規定，增訂本條，並列為第1項，以期周延。又此項登記之推定力，乃為登記名義人不得援以對抗其直接前手（即真正權利人），為貫徹登記之效力，此項推定力，應依法定程

序塗銷登記，始得推翻，乃適用上所當然。至於土地法第43條雖規定依該法所為之登記有絕對效力；惟實務上向認在第三者信賴登記而取得土地權利之前，真正權利人仍得對登記名義人主張登記原因之無效或撤銷（最高法院40年度臺上字第1892號判例參照）。是該條文所稱之絕對效力，其範圍既僅止於保護信賴登記之善意第三人（最高法院63年臺上字第1895號判例參照），其效果白與新增之本條文無異。惟為免文義兩歧，建請主管機關於修訂土地法時，將第43條配合本條修正。

三、不動產物權之登記所表彰之物權如與實際狀態不一致，例如無所有權登記為有所有權，或土地有地上權負擔而未登記該地上權等不實情形，而信賴不動

		產登記之善意第三人因信賴登記與之為交易行為,依法律行為再為物權變動之登記者,其效力如何?現行法尚無明文規定,惟實務上見解均承認其效力(司法院院字第 1956 號解釋、最高法院 41 年度臺上字第 323 號判例參照)。為確保善意第三人之權益,以維護交易安全,爰依上開解釋判例及參照德國民法第 892 條、瑞士民法第 973 條之規定,增訂第 2 項規定。
第 760 條　　(刪除)	第 760 條　不動產物權之移轉或設定,應以書面為之。	一、本條刪除。 二、有關不動產物權之變動應具備書面方式,已在修正條文第 758 條第 2 項增訂規定,本條已無規定必要,爰予刪除。
第 764 條　物權,除法律另有規定外,因拋棄而消滅。 　　前項拋棄,第三人有以該物權為標的物之其他物權或於該物權有其他法律上之利益者,非經	第 764 條　物權,除法律另有規定外,因拋棄而消滅。	一、現行條文未修正,改列為第 1 項。 二、以物權為標的物而設定其他物權或於該物權有其他法律上之利益者,事所恆有。例如

該第三人同意，不得為之。

　　拋棄動產物權者，並應拋棄動產之占有。

以自己之所有權或以取得之地上權、農用權或典權為標的物，設定抵押權而向第三人借款；或如以質權或抵押權連同其所擔保之債權設定權利質權；或地上權人於土地上建築房屋後，將該房屋設定抵押權予第三人等是。如允許原物權人拋棄其地上權等，則所設定之其他物權將因為標的物之物權之消滅而受影響，因而減損第三人之利益，對第三人保障欠周。爰增訂第 2 項，明定第三人有以該物權為標的物之其他物權或於該物權有其他法律上之利益者，非經該第三人同意，不得為之，以確保第三人之權益。

三、又拋棄動產物權者，並應拋棄動產之占有，爰增訂第 3 項。至於所拋棄者為不動產物權時，仍應作成書面並完成登記始生效力。惟因係

		以單獨行為使物權喪失，應有第758條規定之適用，無待重複規定，併予敘明。
第二章 所有權	第二章 所有權	章名未修正。
第一節 通則	第一節 通則	節名未修正。
第767條 所有人對於無權占有或侵奪其所有物者，得請求返還之。對於妨害其所有權者，得請求除去之。有妨害其所有權之虞者，得請求防止之。 　　前項規定，於所有權以外之物權，準用之。	第767條 所有人對於無權占有或侵奪其所有物者，得請求返還之。對於妨害其所有權者，得請求除去之。有妨害其所有權之虞者，得請求防止之。	一、現行條文未修正，改列為第1項。 二、本條規定「所有物返還請求權」及「所有物保全請求權」，具有排除他人侵害作用。學者通說以為排除他人侵害之權利，不僅所有權有之，即所有權以外之其他物權，亦常具有排他作用。茲民法第858條僅規定：「第767條之規定，於地役權準用之」，於其他物權未設規定，易使人誤解其他物權無適用之餘地。為期周延，爰增訂概括準用之規定，列為第2項，並刪除第858條之個別準用規定。
第768條 以所有之意思，十年間和平、公然、繼續占有他人之動產者，取得其所有權。	第768條 以所有之意思，五年間和平公然占有他人之動產者，取得其所有權。	一、動產所有權取得時效，雖未明白規定須以「繼續占有」為要件，惟從取得時效之性質言，宜

		採肯定解釋。況我民法關於不動產所有權之取得時效，亦以「繼續占有」為要件。為明確計，爰增列「繼續占有」為動產所有權取得時效之要件。
		二、又現行條文未區分占有之始是否善意並無過失，一律適用五年之時效期間，與不動產所有權取得時效以是否善意並無過失，規定不同期間者，不盡一致。參諸外國立法例：如日本民法第 162 條以占有之始是否善意並無過失為要件，分別定時效期間為十年或二十年。韓國民法第 246 條規定，占有之始善意並無過失者為五年，否則為十年。爰仿上開立法例並參酌我國國情，修正現行規定之「五年」為「十年」。另將其占有之始為善意並無過失者，增訂於第 768 條之 1，併予敘明。
第 768 條之 1　　以所有之		一、本條新增。

意思，五年間和平、公然、繼續占有他人之動產，而其占有之始為善意並無過失者，取得其所有權。		二、為期動產所有權取得時效與不動產所有權取得時效之體例一致，並期衡平，爰仿日本民法第 162 條、韓國民法第 246 條之規定，增訂本條，明定以所有之意思，五年間和平、公然、繼續占有他人之動產，而其占有之始為善意並無過失者，取得其所有權。
第 769 條　以所有之意思，二十年間和平、<u>公然</u>、<u>繼續</u>占有他人未登記之不動產者，得請求登記為所有人。	第 769 條　以所有之意思，二十年間和平、繼續占有他人未登記之不動產者，得請求登記為所有人。	現行規定關於不動產所有權取得時效之要件，除自主占有外，僅規定須和平、繼續占有，至於「公然占有」是否為要件之一，則付闕如。惟學者通說以為占有他人不動產，不可以隱秘之方式為之，必須公然占有，始有對占有加以保護之必要。況我國民法第 768 條關於因時效取得動產所有權，亦以「公然」為要件。爰予修正，增列「公然占有」為不動產所有權取得時效之要件。
第 770 條　以所有之意思，十年間和平、<u>公然</u>、繼續占有他人未登記之不動	第 770 條　以所有之意思，十年間和平繼續占有他人未登記之不動產，而	修正理由同第 769 條。

產，而其占有之始為善意並無過失者，得請求登記為所有人。	其占有之始為善意並無過失者，得請求登記為所有人。	
第 771 條　占有人有下列情形之一者，其所有權之取得時效中斷：	第 771 條　占有人自行中止占有，或變為不以所有之意思而占有，或其占有為他人侵奪者，其所有權之取得時效中斷。但依第 949 條或第 962 條之規定，回復其占有者，不在此限。	一、占有人以非和平或非公然之方式占有（即強暴占有、隱秘占有）者，是否為取得時效之中斷事由？學者均持肯定見解。而就占有之和平、公然為取得時效之要件言，亦宜作肯定解釋。爰將現行規定「變為不以所有之意思而占有」移列為第 1 項第 1 款，並增列「變為非和平或非公然占有」為第 2 款，俾求明確。又現行規定時效中斷事由中所謂「占有為他人侵奪」，範圍過於狹隘，宜修正為「非基於自己之意思而喪失其占有」，又因與現行規定「自行中止占有」之性質相近，故分別列明為第 3 款及第 4 款。至現行條文但書之規定僅於非因己意喪失占有之情形始有適用，爰改列為第 4 款但書，免滋
一、變為不以所有之意思而占有。		
二、變為非和平或非公然占有。		
三、自行中止占有。		
四、非基於自己之意思而喪失其占有。但依第 949 條第 1 項或第 962 條之規定回復其占有者，不在此限。		
依第 767 條規定起訴請求占有人返還占有物者，占有人之所有權取得時效亦因而中斷。		
第 137 條第 2 項之規定，於前項情形準用之。		

疑義。

二、占有人於占有狀態存續中，所有人如依第767條規定起訴請求返還占有物者，占有人之所有權取得時效是否中斷，現行法雖無明文，惟占有人之占有既成訟爭對象，顯已失其和平之性質，其取得時效自以中斷為宜。爰仿德國民法第941條及瑞士債務法第663條等規定，增訂第2項。

三、時效因起訴而中斷者，若撤回其訴，或因不合法而受駁回之裁判，其裁判確定，視為不中斷。民法第131條定有明文。關於因起訴而中斷之取得時效，應為同一解釋，殆無疑義，不待明文。惟該訴訟因撤回或裁定駁回以外之原因而終結時，其中斷之取得時效應自受確定判決或其他方法訴訟終結時，重行起算。爰仿第137條第2項，增訂第3項之規定。

第 772 條　前五條之規定，於所有權以外財產權之取得準用之。 　　前項規定,於已登記之不動產亦準用之。	第 772 條　前四條之規定,於所有權以外財產權之取得,　準用之。	一、因已增訂第 768 條之 1,本條現行規定「前四條」應修正為「前五條」,俾與修正條文條次相符。 二、按本條現行規定是否僅以於他人未登記之不動產為限,始得因時效而取得所有權以外之其他財產權,理論上非無疑義。最高法院 60 年度臺上字第 4195 號判例則認因時效取得地上權,不以他人未登記之土地為限。為杜爭議,爰明定對於已登記之不動產,亦得準用前五條之規定因時效而取得所有權以外財產權,而增訂第 2 項。
第二節　不動產所有權	第二節　不動產所有權	節名未修正。
第 775 條　土地所有人不得妨阻由鄰地自然流至之水。 　　自然流至之水為鄰地所必需者,土地所有人縱因其土地利用之必要,不得妨阻其全部。	第 775 條　由高地自然流至之水,低地所有人,不得妨阻。 　　由高地自然流至之水,而為低地所必需者,高地所有人縱因其土地之必要,不得妨堵其全部。	一、水流固以高地流向低地為常,但潮水逆溯、平地相流,間亦有之,如為自然流至,土地所有人悉有承受之義務,爰仿日本民法第 214 條之規定,將本條第 1 項「高地」、「低地」等文字修正為「鄰地」,

		並作文字調整。
		二、第2項原規定「高地」、「低地」、「所有人」及「妨堵」等文字，爰配合前項用語修正之。又為期語意明確，爰於「土地」下增列「利用」二字。
第777條　土地所有人不得設置屋簷、工作物或其他設備，使雨水或其他液體直注於相鄰之不動產。	第777條　土地所有人，不得設置屋簷或其他工作物，使雨水直注於相鄰之不動產。	由於社會發展快速，生活環境改變，土地間之相鄰關係，今非昔比，例如現代家居使用之冷氣機排出之水滴，抽油煙機排出之油滴，直注於相鄰不動產之情形，間亦有之。現行條文之規定已不足適用於現代之社會生活環境，爰增列屋簷、工作物以外之「其他設備」，土地所有人亦不得設置，使雨水或「其他液體」直注於相鄰之不動產，以期周延，並維相鄰關係之和諧。
第778條　水流如因事變在鄰地阻塞，土地所有人得以自己之費用，為必要疏通之工事。但鄰地所有人受有利益者，應按其受益之程度，負擔相當之費用。 　　前項費用之負擔，另	第778條　水流如因事變在低地阻塞，高地所有人得以自己之費用，為必要疏通之工事。但其費用之負擔，另有習慣者，從其習慣。	一、第775條已將「高地」、「低地」等文字修正為「鄰地」，本條自應配合修正。又現行條文規定土地所有人得以自己之費用，為必要疏通之工事。惟如因疏通阻塞之水流，於鄰地所有

有習慣者，從其習慣。		人亦受利益時，為公平起見，於其受益之程度內，令負擔相當之費用，爰修正第1項。至於現行條文中稱「事變」者，在本條解釋上包括不可抗力在內。 二、現行條文但書規定移列為第2項。
第779條 土地所有人因使浸水之地乾涸，或排泄家用、農工業用之水，以至河渠或溝道，得使其水通過鄰地。但應擇於鄰地損害最少之處所及方法為之。 　前項情形，土地所有人，對於鄰地所受之損害，應支付償金。 　前二項情形，如法令另有規定或另有習慣者，從其規定或習慣。	第779條 高地所有人，因使浸水之地乾涸，或排泄家用、農工業用之水，以至河渠或溝道，得使其水通過低地。但應擇於低地損害最少之處所及方法為之。 　前項情形，高地所有人，對於低地所受之損害，應支付償金。	一、排泄家用、農工業用之水，以至河渠或溝道，固以經過低地為常，但因科學發達，實際上亦不乏將低地之水，排經高地，以至河渠或溝道者。又本法第775條、第778條已將「高地」、「低地」等文字修正為「鄰地」，本條自應配合修正，爰將第1項、第2項之「高地所有人」修正為「土地所有人」，「低地」修正為「鄰地」，以符實際需要。 二、本條僅係民法上一般性之規定。至於農工業用之水是否適合排放於河渠或溝道?是否造成環境污染等問題，乃涉及環境保護之範疇，

		如特別法另有規定或另有習慣者，自當從其規定或習慣，爰增訂第3項。
第 780 條　土地所有人因使其土地之水通過，得使用鄰地所有人所設置之工作物。但應按其受益之程度，負擔該工作物設置及保存之費用。	第 780 條　土地所有人，因使其土地之水通過，得使用高地或低地所有人所設之工作物。但應按其受益之程度負擔該工作物設置及保存之費用。	本條配合第 775 條、第 778 條，爰將「高地」、「低地」等文字修正為「鄰地」，俾求用語一致。
第 781 條　水源地、井、溝渠及其他水流地之所有人，得自由使用其水。但法令另有規定或另有習慣者，不在此限。	第 781 條　水源地、井、溝渠及其他水流地之所有人，得自由使用其水。但有特別習慣者，不在此限。	本條現行規定水源地、井、溝渠及其他水流地之所有人，對水有自由使用權。惟現行法令有加以限制者，例如水利法施行細則第 25 條之規定是。為期周延並明確計，爰於但書增列「法令另有規定」之除外規定。至於稱「法令」者，係指法律及基於法律規定得發布之命令而言。本編各條有相類之規定者，均同。又但書所謂「特別習慣」，觀諸其他條文僅規定「習慣」二字，為求體例一致，爰刪除「特別」二字。
第 782 條　水源地或井之所有人，對於他人因工事杜絕、減少或污染其水者，得請求損害賠償。	第 782 條　水源地或井之所有人，對於他人因工事杜絕減少或污穢其水者，得請求損害賠償。如	一、「污穢」之定義如何？法無明文。按水污染防治法第 2 條第 5 款對「水污染」已有立法解

如其水為飲用或利用土地所必要者，並得請求回復原狀；其不能為全部回復者，仍應於可能範圍內回復之。

　　前項情形，損害非因故意或過失所致，或被害人有過失者，法院得減輕賠償金額或免除之。

其水為飲用，或利用土地所必要者，並得請求回復原狀。但不能為回復原狀者，不在此限。

釋，其適用範圍較「污穢」二字廣而明確，爰將「污穢」二字修正為「污染」。又本條第1項係仿瑞士民法第706條及第707條而制訂，其立法原意為：水源及井水，凡為飲用水或利用土地所必要者，「於可能範圍內」，均應回復原狀，申言之，其究全部回復原狀或一部回復原狀，均視可能性決定，現行條文易予人以若不能「全部回復原狀」，則應改請求損害賠償之誤解。為避免疑義，爰仿瑞士民法第706條及第707條之規定，修正第1項如上。

一、本條究採過失責任抑無過失責任？學者間見解不一。為期周密保障水源地、井所有人之權益，本條宜採無過失責任。惟若使加害人負全部損害賠償責任，似失諸過苛，爰仿瑞士民法第706條第2項之立法體

		例，增訂第 2 項，規定得由法院斟酌情形，減輕或免除加害人之賠償金額，以求衡平。
第 784 條 水流地所有人，如對岸之土地，屬於他人時，不得變更其水流或寬度。 　　兩岸之土地，均屬於水流地所有人者，其所有人得變更其水流或寬度，但應留下游自然之水路。 　　前二項情形，如法令另有規定或另有習慣者，從其規定或習慣。	第 784 條 水流地所有人，如對岸之土地，屬於他人時，不得變更其水流或寬度。 　　兩岸之土地，均屬於水流地所有人者，其所有人得變更其水流或寬度，但應留下游自然之水路。 　　前二項情形，如另有習慣者，從其習慣。	一、第1項及第2項未修正。 二、對岸土地屬於他人時，水流地所有人變更水流或寬度，引起水道變更或水位減低，不免有害對岸土地用水之方便，應予禁止。至兩岸土地，均屬於水流地所有人者，其所有人固得保留下游自然之水道，而變更其水流或寬度。惟為顧及河道土質、河道形狀可能引發水患……等因素，水利法第9 條有「變更水道或開鑿運河，應經中央主管機關核准」之規定，為期周延並明確計，爰將第 3 項修正為「前二項情形，如法令另有規定或另有習慣者，從其規定或習慣」。
第 785 條 水流地所有人，有設堰之必要者，得使其堰附著於對岸。但對於因此所生之損害，應	第 785 條 水流地所有人，有設堰之必要者，得使其堰附著於對岸。但對於因此所生之損害，應	一、第1項及第2項未修正。 二、水流地所有人如須設堰，雖對岸土地非其所有，亦應賦予設堰權。

支付償金。	支付償金。	又對岸所有人，若水流
對岸地所有人，如水流地之一部屬於其所有者，得使用前項之堰。但應按其受益之程度，負擔該堰設置及保存之費用。	對岸地所有人，如水流地之一部屬於其所有者，得使用前項之堰。但應按其受益之程度，負擔該堰設置及保存之費用。	地一部屬其所有者，亦享有用堰權，以符經濟效益。惟設堰蓄水，事涉公共安全，依水利法第46條之規定，經主管機關核准，得使其堰附著於對岸。為期周延
前二項情形，如法令另有規定或另有習慣者，從其規定或習慣。	前二項情形，如另有習慣者，從其習慣。	並明確計，爰將第3項修正為「如法令另有規定或習慣者，從其規定或習慣」。
第787條　土地因與公路無適宜之聯絡，致不能為通常使用者，土地所有人得通行周圍地以至公路。但對於通行地因此所受之損害，應支付償金。	第787條　土地因與公路無適宜之聯絡，致不能為通常使用者，土地所有人得通行周圍地以至公路。但對於通行地因此所受之損害，應支付償金。	一、第1項未修正。 二、有通行權人固應於通行必要之範圍內，擇其周圍地損害最少之處所及方法為之。惟何者為「損害最少之處所及方法」，有時不易判定，
前項情形，有通行權人，應於通行必要之範圍內，擇其周圍地損害最少之處所及方法為之。周圍地所有人有異議時，有通行權人或異議人得聲請法院以判決定之。	前項情形，有通行權人，應於通行必要之範圍內，擇其周圍地損害最少之處所及方法為之。	宜於周圍地所有人有異議時，賦予有通行權之人及異議人均得聲請法院以判決定之之權，爰仿德國民法第917條之規定，增訂後段規定，以杜疑義。至其訴訟性質，係屬形成之訴，對於何謂周圍地之「損害最少之處所及方法」，審理法院不受

		當事人聲明之拘束，得依職權認定之。惟若主張有通行權人或異議人請求對特定之處所及方法確認其有無通行權時，則非形成之訴，而為確認之訴，此際，法院即應受當事人聲明之拘束。又各該訴訟均以有通行權為其勝訴之前提要件，故訴訟中法院必須審酌主張有通行權人之土地是否與公路無適宜之聯絡，致不能為通常使用，乃屬當然。爰於第2項後段表明「有通行權人或異議人得聲請」之意旨。
第787條之1　土地原與公路有適宜之聯絡，因其所有人之惡意行為，致不能為通常使用者，不適用前條之規定。		一、本條新增。 二、按鄰地通行權係為調和相鄰地關係而訂定，此項通行權乃就土地與公路無適宜之聯絡者而設。若該土地本與公路有適宜之聯絡，竟因土地所有人之惡意行為而阻斷，則其不通公路之結果，應由土地所有人自己承受，自不能適用

		第787條有關必要通行權之規定。爰仿德國民法第918條第1項，增訂本條規定。
第788條　有通行權人，於必要時，得開設道路。但對於通行地因此所受之損害，應支付償金。 　前項情形，如致周圍地所有人損害過鉅者，周圍地所有人得請求有通行權人以相當之價額購買之。其價額由當事人協議定之，不能協議者，得聲請法院以判決定之。	第788條　有通行權人，於必要時，得開設道路。但對於通行地因此所受之損害，應支付償金。	一、現行條文未修正，改列為第1項。 二、土地所有人行使其通行權，如致周圍地所有人損害過鉅者，應許周圍地所有人得請求有通行權人以相當之價額購買其土地，俾求公平並維持不動產相鄰關係之和諧。雙方買賣土地之價額由當事人協議定之，不能協議者，得聲請法院以判決定之，爰增訂第2項規定。
第789條　因土地一部之讓與或分割，而與公路無適宜之聯絡，致不能為通常使用者，土地所有人因至公路，僅得通行受讓人或讓與人或他分割人之所有地。數宗土地屬於一人所有，而讓與其一部或同時分別讓與數人，而與公路無適宜之聯絡，致不能為通常使用者，亦同。	第789條　因土地一部之讓與或分割，致有不通公路之土地者，不通公路土地之所有人，因至公路，僅得通行受讓人或讓與人或他分割人之所有地。 　前項情形，有通行權人，無須支付償金。	一、數宗土地同屬一人所有，而讓與其一部（包括其中一宗或數宗或一宗之一部分）或同時分別讓與數人，而與公路無適宜之聯絡，致不能為通常使用者，土地所有人因至公路，亦僅得通過該讓與之土地，以貫徹本條立法精神，爰仿德國民法第918條第2項後段之規定，

前項情形,有通行權人,無須支付償金。		增訂第1項後段。 二、第2項未修正。
第 790 條　土地所有人得禁止他人侵入其地內。但有下列情形之一者,不在此限: 一、他人有通行權者。 二、依地方習慣,任他人入其未設圍障之田地、牧場、山林刈取雜草,採取枯枝枯幹,或採集野生物,或放牧牲畜者。	第 790 條　土地所有人得禁止他人侵入其地內。但有左列情形之一者,不在此限: 一、他人有通行權者。 二、依地方習慣,任他人入其未設圍障之田地牧場山林刈取雜草,採取枯枝枯幹,或採集野生物,或放牧牲畜者。	配合現行法制作業,將「左列」修正為「下列」。
第 792 條　土地所有人因鄰地所有人在其地界或近旁,營造或修繕建築物或其他工作物有使用其土地之必要,應許鄰地所有人使用其土地。但因而受損害者,得請求償金。	第 792 條　土地所有人,因鄰地所有人在其疆界或近旁,營造或修繕建築物有使用其土地之必要,應許鄰地所有人使用其土地。但因而受損害者,得請求償金。	現行條文規定鄰地使用權以鄰地所有人在土地所有人疆界或近旁,營造或修繕「建築物」為要件。惟事實上營造或修繕者,不以建築物為限,尚有其他工作物例如圍牆等是,於營造或修繕時,亦有使用鄰地土地之必要。為期周延,爰仿日本民法第 209 條第 1 項規定,增列「或其他工作物」,以達經濟利用之目的。又為求用語一致,爰仿土地法用語,將「疆界」修正為「地界」。
第 793 條　土地所有人於他人之土地、建築物或其他工作物有煤氣、蒸氣、臭	第 793 條　土地所有人,於他人之土地有煤氣、蒸氣、臭氣、煙氣、熱氣、	一、第 1 項未修正。 二、有通行權人固應於通行必要之範圍內,擇其

氣、煙氣、熱氣、灰屑、喧囂、振動及其他與此相類者侵入時，得禁止之。但其侵入輕微，或按土地形狀、地方習慣，認為相當者，不在此限。

灰屑、喧囂、振動，及其他與此相類者侵入時，得禁止之。但其侵入輕微，或按土地形狀、地方習慣，認為相當者，不在此限。

周圍地損害最少之處所及方法為之。惟何者為「損害最少之處所及方法」，有時不易判定，宜於周圍地所有人有異議時，賦予有通行權之人及異議人均得聲請法院以判決定之之權，爰仿德國民法第917條之規定，增訂後段規定，以杜疑義。至其訴訟性質，係屬形成之訴，對於何謂周圍地之「損害最少之處所及方法」，審理法院不受當事人聲明之拘束，得依職權認定之。惟若主張有通行權人或異議人請求對特定之處所及方法確認其有無通行權時，則非形成之訴，而為確認之訴，此際，法院即應受當事人聲明之拘束。又各該訴訟均以有通行權為其勝訴之前提要件，故訴訟中法院必須審酌主張有通行權人之土地是否與公路無適宜之聯絡，致不能為通常使

		用，乃屬當然。爰於第2項後段表明「有通行權人或異議人得聲請」之意旨。
第 794 條　土地所有人開掘土地或為建築時，不得因此使鄰地之地基動搖或發生危險，或使鄰地之建築物或其他工作物受其損害。	第 794 條　土地所有人開掘土地或為建築時，不得因此使鄰地之地基動搖或發生危險，或使鄰地之工作物受其損害。	土地所有人開掘土地或為建築時，所負防免危險或損害義務之客體，現行條文規定以鄰地之地基或工作物為限。究竟工作物是否包括建築物在內？易滋疑義，為明確計，爰明定「建築物或其他工作物」均為本條保護之客體。
第 794 條之 1　土地所有人營造建築物或其他工作物，致妨害鄰地所有人電信之接收者，鄰地所有人得請求為必要之改善。建築物或其他工作物非由土地所有人營造或其所有權移轉時，鄰地所有人得逕向建築物或其他工作物所有人請求之。 　　前項規定，於妨害輕微之情形，不適用之。		一、本條新增。 二、現代都市高樓大廈林立，高層建築物可能阻擋電信之傳送，而影響鄰近地區關於廣播電視等之接收，妨害其他居民接收電信之權益，有礙不動產相鄰關係之和諧，故土地所有人自行營造或委託他人在其土地上營造建築物或其他工作物，致妨害鄰地所有人電信之接收者，應許鄰地所有人請求為必要改善之權。建築物或其他工作物非由土地所有人營

		造或其所有權移轉時，為保障鄰地所有人之權益，仍許鄰地所有人逕向建築物或其他工作物所有人請求之，爰為第 1 項規定。
		三、又所謂電信係指利用有線、無線，以光、電磁系統或其他科技產品發送、傳輸或接收符號、信號、文字、影像、聲音或其他性質之訊息（電信法第 2 條第 1 款參照）。關於電信傳送之妨害程度，輒因建築物高度、天候狀況、訊號發送方向及其強弱而有不同，若妨害輕微而於電信之接收無甚影響，鄰地所有人宜予容忍，不得為前項之請求，爰仿第 793 條但書為第 2 項規定。
第 796 條　土地所有人建築房屋非因故意或重大過失逾越地界者，鄰地所有人如知其越界而不即提出異議，不得請求移去或變更其房屋。但土地所有人對於鄰地因	第 796 條　土地所有人建築房屋逾越疆界者，鄰地所有人如知其越界而不即提出異議，不得請求移去或變更其建築物。但得請求土地所有人，以相當之價額，購買	一、現行條文規定對越界建築者，主觀上不區分其有無故意或重大過失，一律加以保護，有欠公允。爰仿德國民法第 912 條、瑞士民法第 674 條之立法體例，於

此所受之損害，應支付償金。 　前項情形，鄰地所有人得請求土地所有人以相當之價額購買越界部分之土地及因此形成之畸零地。其價額由當事人協議定之，不能協議者，得聲請法院以判決定之。	越界部分之土地。如有損害，並得請求賠償。	第1項增列「非因故意或重大過失」越界建築者，始加以保障，以示平允。又依現行條文意旨，前所保護者為「房屋」，前段末句「建築物」一詞，宜修正為「房屋」，使法條用語前後一貫。又「房屋」應包括建築完成及未完成者在內，併予敘明。 二、至因越界建築，鄰地所有人因此所受之損害，土地所有人應支付償金，如使鄰地所有人之土地成為畸零地者，該畸零地每不堪使用，亦應賦與鄰地所有人請求土地所有人購買之權，以符實際。爰仿第788條，將但書規定酌予修正並增設第2項規定。又本條規定不排除債法上不當得利請求權及侵權行為請求權。
第796條之1　土地所有人建築房屋逾越地界，鄰地所有人請求移去或變更時，法院得斟酌公共利益及當事人利益，		一、本條新增。 二、對於不符合第796條規定者，鄰地所有人得請求移去或變更逾越地界之房屋。然有時難免對

免為全部或一部之移去
或變更。但土地所有人
故意逾越地界者，不適
用之。

　前條第 1 項但書及
第 2 項規定，於前項情形
準用之。

社會經濟及當事人之利
益造成重大損害。為示
平允，宜賦予法院裁量
權，爰參酌最高法院 67
年臺上字第 800 號判
例，由法院斟酌公共利
益及當事人之利益，例
如參酌都市計畫法第
39 條規定，考慮逾越地
界與鄰地法定空地之比
率、容積率等情形，免
為全部或一部之移去或
變更，以顧及社會整體
經濟利益，並兼顧雙方
當事人之權益。但上地
所有人故意逾越地界
者，不適用上開規定，
始為公平，爰增訂第 1
項規定。

三、土地所有人如因法院
　之判決，免為全部或一
　部房屋之移去或變更
　者。為示平允，宜許鄰
　地所有人對於越界部
　分之土地及因此形成
　之畸零地，得以相當之
　價格請求土地所有人
　購買，如有損害，並得
　請求賠償，爰增訂第 2
　項準用規定。

第 796 條之 2　前二條之規定，於具有與房屋價值相當之其他建築物準用之。		一、本條新增。 二、房屋以外建築物之價值亦有超越房屋情事，事所恆有。如對該等建築物之越界建築一律不予保障，亦有害於社會經濟。惟建築物之種類甚多，如一律加以保障，亦將侵害鄰地所有人之權益。故權衡輕重，以具有與房屋價值相當之其他建築物，例如倉庫、立體停車場等是，始得準用前二條之規定，爰增訂本條規定，以期周延。
第 797 條　土地所有人遇鄰地植物之枝根有逾越地界者，得向植物所有人，請求於相當期間內刈除之。 　　植物所有人不於前項期間內刈除者，土地所有人得刈取越界之枝根，並得請求償還因此所生之費用。 　　越界植物之枝根，如於土地之利用無妨害者，不適用前二項之規定。	第 797 條　土地所有人，遇鄰地竹木之枝根，有逾越疆界者，得向竹木所有人，請求於相當期間內，刈除之。 　　竹木所有人，不於前項期間內刈除者，土地所有人，得刈取越界之枝根。 　　越界竹木之枝根，如於土地利用無妨害者，不適用前二項之規定。	一、本條可能越界者不宜限於竹木，爰將其一律修正為「植物」，以資明確，並期周延。 二、在往昔農業社會，土地所有人刈取越界之枝根，具有經濟上之價值，可為利用，以補償其刈除之勞力及費用。惟今日社會變遷，刈除之枝根可利用之經濟價值減低，或需僱工搬運，將造成負擔，爰於第 2 項增列「並得請求

		償還因此所生之費用」，以符實際，並期平允。
第 798 條　果實自落於鄰地者，視為屬於鄰地所有人。但鄰地為公用地者，不在此限。	第 798 條　果實自落於鄰地者，視為屬於鄰地。但鄰地為公用地者，不在此限。	土地不得為權利之主體，本條「鄰地」一詞宜修正為「鄰地所有人」，以符原立法旨趣。
第 799 條　稱區分所有建築物者，謂數人區分一建築物而各專有其一部，就專有部分有單獨所有權；並就該建築物及其附屬物之共同部分，除另有約定外，按其專有部分比例共有之建築物。 　　前項專有部分，指區分所有建築物在構造上及使用上可獨立，且得單獨為所有權之標的者。共有部分，指區分所有建築物，除專有部分以外之其他部分及不屬於專有部分之附屬物。 　　專有部分得經約定供區分所有建築物之所有人共同使用；共有部分除法律另有規定外，得經約定供區分所有建築物之特定所有人使用。	第 799 條　數人區分一建築物，而各有其一部者，該建築物及其附屬物之共同部分，推定為各所有人之共有。其修繕費及其他負擔，由各所有人，按其所有部分之價值分擔之。	一、所謂區分所有建築物者，必數人區分一建築物，各有其專有部分，始足當之，為明確計，爰將第 1 項前段「各有其一部」修正為「各專有其一部」。並明定就該部分有單獨所有權，且就該建築物及其附屬物之共同部分，除另有約定者外，按各人專有部分面積比例而為共有。又本條所稱「就專有部分有單獨所有權」者，係指對於該專有部分有單一之所有權而言，與該單獨所有權係一人所有或數人共有者無關。 二、為期明確，本條第 1 項所定區分建築物之專有部分與共有部分，亦宜以明文規定其範圍，

　　區分所有建築物共有部分之修繕費及其他負擔，由各所有人按其共有比例分擔之。但另有約定者，從其約定。

　　前項規定，於專有部分經約定供區分所有建築物之所有人共同使用者，準用之。

　　區分所有建築物之所有人間依法令、規約或約定所生之權利義務，繼受人應受拘束。但特定繼受人對於規約或約定之內容，以明知或可得而知者為限。

　　區分所有建築物之專有部分與其所屬之共有部分及其基地之權利，不得分離而為移轉或設定其他權利。

　　俾杜爭議，爰增訂第 2 項。

三、區分建築物之專有部分得約定共同使用，共有部分亦得約定由特定所有人使用，俾符物盡其用之旨。惟如他法律對於共有部分之約定使用有特別規定者，應從其約定，爰增訂第 3 項。

四、按修繕費及其他負擔，立法例上有「按其所有部分之價值」定之者，亦有依區分所有比例（即專有部分面積與專有部分總面積之比例）定之者，我國因缺乏如奧地利住宅法由法院鑑定專有部分價值之制度，民法本條之規定形同具文，為期簡便易行，爰將本條第 1 項條正為原則上由各所有人按其共有之比例（指第 1 項後段所定按專有部分之比例或約定之比例）分擔之，但另有約定者，從其約定，俾簡易可行，並維彈

性，爰增訂第 4 項。

五、區分所有建築物之專有部分經約定供區分所有建築物之所有人共同使用者，該專有部分之修繕費及其他負擔應如何分擔？亦宜明文規定，以期明確，爰增訂第 5 項。

六、區分所有建築物之所有人之所有權移轉時，其繼受人原則上應繼受所有人依法令、規約或約定所生之權利義務。但特定繼受人對於原區分所有建築物之所有人間與區分所有建築物有關依規約或約定所生之權利義務，以明知或可得而知者為限，始受其拘束。俾免破壞原所有人間關於區分建築物之法律關係，或損害其他所有人原有之權利，爰增訂第 6 項。又本項本文所謂繼受人包括概括繼受與因法律行為而受讓標的之特定繼受人在內，併予指明。

		七、專有部分與其所屬共有部分之應有部分及其基地之權利，有不可分離之關係，爰增訂第7項，規定不得分離為移轉或設定其他權利。至於所屬之共有部分，僅指區分所有建築物之專有部分所屬之共有部分，例如游泳池、網球場等公共設施，不包括基地在內，併予敘明。
第799條之1　同一建築物屬同一人所有，經區分為數專有部分登記所有權者，準用前條之規定。		一、本條新增。 二、同一建築物屬同一人所有，經區分為數專有部分登記所有權者，其使用情形與數人區分一建築物者相同，均有專有部分與共有部分。其中一部轉讓他人後，受讓人與原所有人間更有修繕費用及移轉或設定負擔應受限制等問題。是宜準用前條之規定，俾杜爭議。
第800條　第799條情形，其專有部分之所有人，有使用他專有部分所有人正中宅門之必要者，得使用之。但另有特約	第800條　前條情形，其一部分之所有人，有使用他人正中宅門之必要者，得使用之。但另有特約或另有習慣者，從其	一、他人正中宅門之使用僅適用於第799條建築物之區分所有。該條既已修正，本條自應配合修正，爰將第1項

或另有習慣者，從其特約或習慣。 　　因前項使用，致他<u>專有部分之所有人</u>受損害者，應支付償金。	特約或習慣。 　　因前項使用，致所有人受損害者，應支付償金。	「一部分」修正為「專有部分」，並將「他人」修正為「他專有部分所有人」，以資配合。至於所謂特約，應有第799條第6項規定之適用，乃屬當然，併予敘明。 二、第2項之「所有人」配合前項修正為「他專有部分之所有人」，俾求前後用語一致。
第800條之1　第774條至前條之規定，於地上權人、地役權人、典權人、承租人、<u>其他土地</u>、建築物或其他工作物利用人準用之。		一、本條新增。 二、為調和相鄰關係之利用與衝突，相鄰關係不僅規範相鄰土地所有人間，即地上權人、地役權人、典權人、承租人、其他土地、建築物或其他工作物利用人間，亦宜準用。爰增訂上開概括規定，以符民法規範相鄰關係之宗旨，並期立法之簡鍊。至於建築物所有人為土地之利用人，當然有本條之適用，不待明文。又本條所謂「準用」，係指於性質不相牴觸之範圍內，始得準

		用。故何種情形可以準用，應依具體個案分別認定之。
第二章第三節　動產所有權	第二章第三節　動產所有權	節名未修正。
第802條　以所有之意思，占有無主之動產者，除法令另有規定外，取得其所有權。	第802條　以所有之意思，占有無主之動產者，取得其所有權。	本條現行規定無主之動產，如以所有之意思而占有者，取得其所有權。惟現行法令對於具備上開要件有加以限制其取得所有權之規定者，例如野生動物保育法第16條、文化資產保存法第83條之規定是。為期周延並明確計，爰增列「法令另有規定」之除外規定。
第803條　拾得遺失物者，應從速通知遺失人、所有人、其他有受領權之人或報告警察、自治機關。報告時，應將其物一併交存。但於機關、學校、團體或其他公共場所拾得者，亦得報告於各該場所之管理機關、團體或其負責人、管理人，並將其物交存。 　前項受報告者，應從速於遺失物拾得地或其他適當處所，以公告、廣播或其他適當方法招領之。	第803條　拾得遺失物者，應通知其所有人。不知所有人或所有人所在不明者，應為招領之揭示，或報告警署或自治機關。報告時，應將其物一併交存。	一、拾得人有通知義務，「通知」之對象，現行條文僅規定「所有人」，惟學者通說以為應從廣義解釋，即遺失物之所有人、限定物權人、占有人均包括在內，爰將「所有人」修正為「遺失人、所有人、其他有受領權之人」，以期明確，並符實際。至於因不知所有人或其所在不明時，現行法則規定拾得人有揭示及報告之義務，為慮及拾得人為揭示之不便及揭示

		方法之妥適性，將「不知所有人或所有人所在不明者，應為招領之揭示」刪除，並為避免課予拾得人過重之義務，乃採雙軌制，使拾得人可選擇通知遺失人等或逕報告、交存警察或自治機關。
		二、又為顧及遺失人急於搜尋遺失物之情形，且為使遺失物之歸屬早日確定，爰仿德國民法第 965 條、日本遺失物法第 1 條規定，於現行條文「通知」上，增列「從速」二字。
		三、為配合民法總則將「官署」用語修正為「機關」，本條以下各條，「警署」均修正為「警察」機關。
		四、凡於機關、學校、團體或其他公共場所拾得遺失物者，事實上向各該場所之管理機關、團體或其負責人、管理人報告並交存其物，由其招領較為便捷，且具實益，爰增列第 1 項但書規

| | | 定，由拾得人自由選擇報告並交存其物於各該場所之管理機關、團體或其負責人、管理人。 |

五、第 2 項增列招領地點及招領方法之規定。招領地點不以遺失物拾得地為限，而招領方法亦不以公告為限。凡適當處所（例如警察、自治機關），適當方法（例如電臺廣播、電視廣播）均得從速為之，以富彈性。又此處之受報告者，係指已接受交存遺失物者，始得進行招領程序，併予敘明。

| 第 804 條　依前條第 1 項為通知或依第 2 項由公共場所之管理機關、團體或其負責人、管理人為招領後，有受領權之人未於相當期間認領時，拾得人或招領者應將拾得物交存於警察或自治機關。警察或自治機關認原招領之方法不適當時，得再為招領之。 | 第 804 條　拾得物經揭示後，所有人不於相當期間認領者，拾得人應報告警署或自治機關，並將其物交存。 | 為配合前條之修正，爰將現行條文「揭示」修正為「依前條第 1 項為通知或依第 2 項由公共場所之管理機關、團體或其負責人、管理人為招領」；「所有人」修正為「有受領權之人」；「拾得人」修正為「拾得人或招領者」；「其物」修正為「拾得物」。又為貫徹保護有受領權之人之利益，爰增訂警察或自治機關，認原招領之方法不適當時，得再為招領， |

		俾有受領權之人更有適當機會知悉其遺失物之所在。
第805條 遺失物自通知或最後招領之日起六個月內，有受領權之人認領時，拾得人、招領者、警察或自治機關，於通知、招領及保管之費用受償後，應將其物返還之。 有受領權之人認領遺失物時，拾得人得請求報酬。但不得超過其物財產上價值十分之三。其不具有財產上價值者，拾得人亦得請求相當之報酬。 前項報酬請求權，因六個月間不行使而消滅。 第1項費用之支出者或得請求報酬之拾得人，在其費用或報酬未受清償前，就該遺失物有留置權。其權利人有數人時，遺失物占有人視為全體權利人占有。 遺失物在公眾得出入之場所或供公眾往來之交通設備內，由其管理人或受僱人拾得者，不得請求第2項之報酬。拾得人違反通知、報告或交存	第805條 遺失物拾得後六個月內，所有人認領者，拾得人或警署或自治機關，於揭示及保管費受償還後，應將其物返還之。 前項情形，拾得人對於所有人，得請求其物價值十分之三之報酬。	一、第1項現行規定「拾得後」六個月，究自拾得時起算，抑自拾得後為通知或招領之日起算？如有數次招領之情形（例如第804條），究自何時起算？易滋疑義，為明確計，爰將「拾得後」修正為「自通知或最後招領之日起」，以保障有受領權之人之權益。又為配合第803條、第804條之修正，爰將「所有人」修正為「有受領權之人」；負返還遺失物之義務者，加列「招領者」；將「警署」修正為「警察」機關；而償還之費用，將「揭示費」修正為「通知、招領之費用」。 二、拾得人之報酬請求權，僅於有受領權之人認領遺失物時始存在，現行條文第2項雖規定為其物價值十分之三。惟解釋上以具有客觀

義務或經查詢仍隱匿其
拾得之事實者，亦同。

標準之財產上價值十
分之三為上限，如請求
十分之三以下，自無不
可，例如得依公示催告
程序宣告無效之有價
證券，其財產上價值有
時難以估定，爰予修正
為較富彈性，俾資適
用。又物有不具財產上
價值，但對有受領權之
人重要者，如學歷證書
或其他證明公私法上
權利之證明文件等，為
獎勵拾物不昧之精神，
亦承認拾得人有報酬
請求權，惟其報酬之多
寡，難作具體規定，故
以「相當」表示之，實
務上可由當事人協議
定之，不能協議者，自
得依法定程序訴請法
院解決。爰仿德國民法
第 971 條第 1 項第 3
款規定，將第 2 項修正
如上。

三、為使權利之狀態早日
確定，爰增訂有關短期
消滅時效之規定，列為
第 3 項。又報酬請求權
之起算點，參照本法第

128 條意旨，以有受領權之人認領遺失物時起算，乃屬當然，不待明文。

四、為確保第 1 項費用之支出者或拾得人之費用償還或報酬請求權，爰增訂留置權之規定，列為第 4 項。至於就遺失物有多數之權利人（如拾得人與招領者非同一人）且各有不同之費用或報酬請求權時，各人對遺失物均有留置權。雖遺失物實際上僅由其中一人占有，惟其占有應視為係為全體留置權人而占有，俾免輾轉交付遺失物之繁瑣，充分保障多數留置權人之權利。此種留置權為特殊留置權，依其性質當然可準用本法第九章留置權相關之規定（參照本法第 939 條）。

五、遺失物在公眾得出入之場所或供公眾往來之交通設備內拾得者，其管理人或受僱人本

		有招領及保管之義務，自不宜有報酬請求權。又拾得人之報酬，不獨為處理遺失物事務之報酬，亦為拾物不昧之榮譽給付，故拾得人如違反通知、報告或交存義務或經查詢仍隱匿拾得之事實，即喪失報酬請求權，始為公允，爰仿德國民法第971條第2項立法例，增列第5項規定。
第806條　拾得物易於腐壞或其保管需費過鉅者，招領者、警察或自治機關得為拍賣或逕以市價變賣之，保管其價金。	第806條　如拾得物有易於腐壞之性質，或其保管需費過鉅者，警署或自治機關得拍賣之，而存其價金。	一、現行條文規定拾得物採拍賣方法，雖拍賣法尚未公布，惟拍賣仍須經一定之程序（債編施行法第28條參考），需時既多，費用亦鉅，為求經濟簡便，爰修正兼採變賣方法，「得逕以市價變賣」，以兼顧有受領權之人及拾得人雙方之權益。 二、其餘配合第803條予以修正並為文字整理。
第807條　遺失物自通知或最後招領之日起逾六個月，未經有受領權之人認領者，由拾得人取得其所	第807條　遺失物拾得後六個月內所有人未認領者，警署或自治機關應將其物或其拍賣所得之	一、為配合第805條之修正，爰將「拾得後」修正為「自通知或最後招領之日起」；「所有人」

有權。警察或自治機關並應通知其領取遺失物或賣得之價金。其不能通知者，應公告之。 　　拾得人於受前項通知或公告後三個月內未領取者，其物或賣得之價金歸屬於保管地之地方自治團體。	價金，交與拾得人歸其所有。	修正為「有受領權之人」;「警署」修正為「警察」機關。又拾得人於法定期間屆滿，即取得其物之所有權；若該物已變賣者，拾得人當然取得該價金之權利。為期拾得人早日領取遺失物或因拍賣或變賣所得之價金，爰課警察或自治機關以通知或公告之義務，現行條文加以修正並改列為第1項。
		二、拾得人於受前項通知或公告後，經過一定期間未領取時，應如何處理？現行法尚無明文規定，易滋疑義。爰參考德國民法第976條第2項、日本遺失物法第14條，我國民法第44條第2項規定，增列第2項，明定拾得人喪失其物或賣得之價金，歸屬於保管地之地方自治團體。
第810條　拾得漂流物、沉沒物或其他因自然力而脫離他人占有之物者，	第810條　拾得漂流物或沉沒品者，適用關於拾得遺失物之規定。	漂流物、沉沒物均為因水之自然力而脫離他人占有之物。事實上尚有其他自然力

適用關於拾得遺失物之規定。		例如颱風、大雨致使物品脫離他人占有之情形，為期周延，爰以漂流物、沉沒物為例示，增列概括規定「其他因自然力而脫離他人占有之物」（參考瑞士民法第725條第2項）。又其餘修正，僅為文字及標點符號之整理。
第816條　因前五條之規定而受損害者，得依關於不當得利之規定，請求償還價額。	第816條　因前五條之規定，喪失權利而受損害者，得依關於不當得利之規定，請求償金。	一、本條原規定主體為「喪失權利而受損害者」，其規範意旨，在於指出不當得利請求權之權利主體。惟依民法第179條規定，不當得利請求權之權利主體，為「受損害之他人」（受損人）。解釋上，只要「受損害」即可，不以「喪失權利」為必要。蓋不當得利法上之「損害」概念，範圍相當廣泛，除喪失權利外，尚包括單純提供勞務、支出費用或權益歸屬之侵害等。且「喪失權利」等文字，未盡概括完整，其固然可以說明因附合、混合而喪失動產所有權或該動產上其

他權利之情形，但無法涵蓋因加工單純提供勞務而受損害之情形。為求精確，爰刪除「喪失權利」等文字。

二、本條規範意義有二，一為宣示不當得利請求權，縱使財產上損益變動係依法（例如第811條至第815條規定）而發生，仍屬無法律上原因。其二係指明此本質上為不當得利，故本法第179條至第183條均在準用之列，僅特別排除第181條關於不當得利返還客體規定之適用。故因添附而受損害者，依關於不當得利之規定請求因添附而受利益者返還其所受之利益時，僅得適用民法第181條但書規定請求「償還價額」，不能適用同條本文規定，請求返還「利益原形」，以貫徹添附制度重新分配添附物所有權歸屬、使所有權單一化、禁止添附物再行分

| | | 割之立法意旨。為求明確，現行條文後段請求「價金」一語，修正為「價額」。又添附行為如該當侵權行為之要件，自有侵權行為損害賠償請求權之適用，乃屬當然，併予指明。 |
| | | |

參考書目

一、書籍

1. 王廷懋,《動產擔保交易法實務問題研究》, 金融研訓中心, 民國 80 年 8 月。

2. 王澤鑑,《民法物權 (1) 一通則、所有權》, 自版, 民國 86 年 9 月。

3. 王澤鑑,《民法債編總論》, 第 2 冊, 不當得利, 自版, 民國 93 年 3 月。

4. 王澤鑑,《民法學說與判例研究》, 第 2 冊, 自版, 民國 68 年。

5. 司法院民事廳編,《民事法律專題研究 (17)》, 司法院秘書處, 民國 88 年。

6. 司法院第一廳編,《民事法律專題研究 (4)》, 司法周刊雜誌社, 民國 75 年 10 月。

7. 司法院第一廳編,《民事法律問題研究彙編》, 第 1 輯, 司法周刊雜誌社, 民國 70 年 3 月。

8. 司法院第一廳編,《民事法律問題研究彙編》, 第 3 輯, 司法周刊雜誌社, 民國 73 年。

9. 司法院第一廳編,《民事法律問題研究彙編》, 第 7 輯, 司法周刊雜誌社, 民國 79 年 6 月。

10. 司法院第一廳編,《民事法律問題研究彙編》, 第 8 輯, 司法周刊雜誌社, 民國 81 年 11 月。

11. 史尚寬,《物權法論》, 自版, 民國 46 年。

12. 李模,《民法總則之理論與實用》, 自版, 民國 87 年 9 月修訂版。

13. 吳光明,《物權法新論》, 新學林, 民國 95 年 8 月。

14. 法務部編,《法規諮詢意見彙編 (二)》, 上、下冊, 法務部, 民國 84 年。

15. 邱聰智,《民法總則 (上)》, 三民書局, 民國 94 年 2 月。

16. 姚瑞光,《民法物權論》, 大中國總經銷, 民國 79 年 9 月。

17. 財團法人金融人員研究訓練中心,《動產擔保交易法裁判解釋法令規章彙

編》，金融研訓中心，民國 80 年元月四版。

18. 孫森焱，《民法債編總論》，上冊，自版，民國 94 年 12 月。

19. 黃右昌，《民法物權詮解》，三民書局，民國 50 年。

20. 曾世雄，《民法總則之現在與未來》，三民書局總經銷，民國 82 年 6 月。

21. 楊與齡，《民法物權》，五南出版社，民國 70 年 9 月。

22. 臺灣高等法院編，《臺灣高等法院民事裁判書彙編》，高等法院，民國 92 年 12 月。

23. 鄭玉波，《民法物權》，三民書局，民國 56 年 1 月增訂四版。

24. 謝在全，《民法物權論》，上冊，自版，民國 92 年 7 月修訂二版。

25. 謝在全，《民法物權論》，上冊，自版，民國 93 年 8 月增訂三版。

二、論文及期刊

1. 王澤鑑，〈盜贓物的牙保、故買與共同侵權行為〉《民法學說與判例研究》，第 2 冊，自版，民國 91 年 3 月。

2. 古振暉，〈共同所有之研究〉，中正大學法學博士論文，民國 94 年 12 月。

3. 李佳玲，〈動產擔保交易法施行四十年之檢證─兼論車輛擔保實務〉，臺大法學碩士論文，民國 93 年 1 月。

4. 吳光明，〈我國動產讓與擔保制度之研究，美德兩國與我國現行制度之探討〉，臺大法學博士論文，民國 81 年。

5. 吳光明，〈從美國 U.C.C. 第九章之 Secured Transactions 看讓與擔保〉，《中興法學》，第 33 期，民國 81 年 4 月。

6. 張永健，〈論動產所有權善意取得之若干問題〉，《台灣本土法學雜誌》，第 27 期，民國 90 年 10 月。

7. 陳自強，〈民法第九百四十八條動產善意取得之檢討〉，《民法物權爭議問題研究》，五南出版社，民國 88 年 11 月。

8. 陳榮隆，〈盜贓物之善意取得與時效取得〉，《台灣本土法學雜誌》，第 58 期，民國 93 年 5 月。

9. 陳榮傳，〈共有物分割請求權是否為形成權?〉，《民法物權爭議問題研究》，

五南出版社，民國 88 年 1 月。

10. 蘇永欽，〈物權行為的獨立性與相關問題〉，《民法物權爭議問題研究》，五南出版社，民國 88 年 1 月。

11. 謝哲勝，〈物權行為獨立性之檢討〉，《財產法專題研究》，三民書局，民國 84 年 5 月。

三、判例、解釋及決議

1. 司法院 25 年院字第 1432 號解釋。

2. 最高行政法院 56 年判字第 214 號判例。

3. 最高法院 26 年度上字第 876 號判例。

4. 最高法院 29 年度臺上字第 1061 號判例。

5. 最高法院 32 年度上字第 6036 號判例。

6. 最高法院 37 年度上字第 6419 號判例。

7. 最高法院 41 年度臺上字第 490 號判例。

8. 最高法院 47 年度臺上字第 203 號判例。

9. 最高法院 48 年度臺上字第 1065 號判例。

10. 最高法院 56 年度判字第 214 號判例。

11. 最高法院 61 年度臺再字第 186 號判例。

12. 最高法院 63 年度臺上字第 2680 號判例。

13. 最高法院 67 年度臺上字第 4046 號判例。

14. 最高法院 69 年度第 8 次民事庭會議決議。

15. 最高法院 70 年度臺上字第 4771 號判例。

16. 最高法院 84 年度臺上字第 339 號判例。

法學啟蒙叢書

民法系列

法學啟蒙叢書──民法系列係針對民法上常見的爭議問題與法律核心，以基礎理論搭配案例解說的方式進行探討，內容深入淺出，簡單易懂，不同於一般法律書籍的艱澀難解，讓學生與一般讀者在研讀民法時，就民法中重要的理論與原則能有更深一層的認識，對從事法律實務相關工作者而言，亦可作為進修研讀時最佳參考書籍。（本系列叢書陸續出版中）